ro
ro
ro

Der Mathematiklehrer Günter F. Hessenauer hat im Laufe seines Lehrer-
daseins rund 5000 Spickzettel gesammelt. Etliche hat er selbst entdeckt,
aber viele sind ihm auch von Schülern geschenkt worden.

Günter F. Hessenauer stellt hier kurzweilig und aufschlussreich verschie-
dene Kategorien von Spickzetteln vor, darunter die klassischen, die überflüssigen, die gebastelten, Mega- und Last-Minute-Spicker. Er beschreibt
ihre Entdeckung im Klassenzimmer, beurteilt sie nach technischem und
zeitlichem Aufwand bei der Herstellung sowie augenzwinkernd nach der
Herausforderung an den Intellekt des Schülers.

Ein witziges Sammelsurium zum Thema Spicken für alle, die momentan
noch zur Schule gehen oder jemals die Schulbank gedrückt haben.

Der Autor
Günter F. Hessenauer, Jg. 1940, war Mathematiklehrer und ist inzwi-
schen pensioniert. Seine Spickzettel hat er der Schulgeschichtlichen
Sammlung der Universität Erlangen-Nürnberg übergeben.

Günter F. Hessenauer

Erwischt!

Alles über Spickzettel & Co.

Rowohlt Taschenbuch Verlag

Originalausgabe

Veröffentlicht im Rowohlt Taschenbuch Verlag,

Reinbek bei Hamburg, Juni 2009

Copyright © 2009 by Rowohlt Verlag GmbH,

Reinbek bei Hamburg

Umschlaggestaltung ZERO Werbeagentur, München

(Abbildung: Schulgeschichtliche Sammlung der

Friedrich-Alexander-Universität Erlangen-Nürnberg;

FinePic, München)

Lithografie Grafische Werkstatt Susanne Kreher GmbH

Innengestaltung Daniel Sauthoff

Satz Bitstream Charter PostScript (InDesign)

Druck und Bindung CPI – Clausen & Bosse, Leck

Printed in Germany

ISBN 978 3 499 62506 0

«Wissen nennen wir jenen kleinen Teil der Unwissenheit, den wir geordnet und klassifiziert haben.»
Ambrose Bierce

«Eine ernste Sache mit Humor zu betrachten heißt noch lange nicht, ihren Ernst zu verkennen.»
Peter Bamm

Inhalt

Vorwort

«Wir sollten mal wieder gemeinsam ein Seminar besuchen», sagte mein Freund zu mir. «Seminar» ist eine Tarnbezeichnung, die wir beide gerne benutzen, wenn unsere Ehefrauen zuhören. Gemeint ist ein Männerausflug, inklusive deftiger Brotzeit.

«Geht leider nicht!», erwiderte ich. «Ich schreib gerade was. Und da steh ich terminlich unter Druck.»

«Aha, du arbeitest an einem Buch? Ich hab's doch geahnt! Was ist denn das Thema?»

«Es geht um das Spicken in der Schule und um die verschiedenen Arten von Spickzetteln, die dabei zum Einsatz kommen.»

Mein Freund schüttelte unwillig den Kopf: «Wie kommt man denn auf die seltsame Idee, ein Buch über Spickzettel zu schreiben?»

«Eigentlich haben mich die Leute vom Verlag draufgebracht. Und außerdem: Die Zeit ist einfach reif für dieses Buch!», entgegnete ich in der Hoffnung, mit diesen Worten die Diskussion beenden zu können. Mein Freund setzte aber die Befragung fort: «Und wer soll das bitte lesen?»

«Nur ausgewiesene Experten! Es ist ja ein Sachbuch.»

Eigenartigerweise schien diese Antwort meinen Gesprächspartner zu beruhigen.

Ja, dieses Buch wendet sich ausschließlich an wirkliche Fachleute – also an jüngere Menschen, die gerade Schüler oder Schülerinnen sind. Und an Menschen jeglichen Alters, die irgendwann einmal eine Schulbank gedrückt haben.

Günter F. Hessenauer

Täuschungshandlungen und unerlaubte Hilfe

Der Mathematiklehrer geht im Klassenzimmer von Tisch zu Tisch, um zu sehen, wie es bei den Siebtklässern mit den geometrischen Grundkonstruktionen klappt. Robert empfiehlt er, bei der Halbierung eines Winkels doch die Hilfe und den Rat seines Tischnachbarn anzunehmen. Hinter Robert sitzt Susi, die problemlos und flott konstruiert. Der Lehrer will sich gerade anerkennend äußern – insbesondere ist er davon begeistert, dass im Federmäppchen der Schülerin ausnahmslos sorgfältig gespitzte Stifte stecken –, doch das Lob kommt nicht über seine Lippen. Stattdessen sagt er: «Susi, was hast du denn da?» Dabei deutet er auf einen Zettel, der aus einem Fach des Mäppchens lugt. Es bleibt Susi nichts anderes übrig, als ihrem Lehrer den Zettel zu überreichen. Sie bekommt einen roten Kopf, denn ihr fällt schlagartig ein, dass es sich um den kleinen Zettel handelt, den sie zu Hause für das Fach Geschichte sorgfältig mit Daten beschrieben hat. Man ist sich in der Klasse einig, dass in diesem Fach ein unangekündigter Test in der Luft liegt.

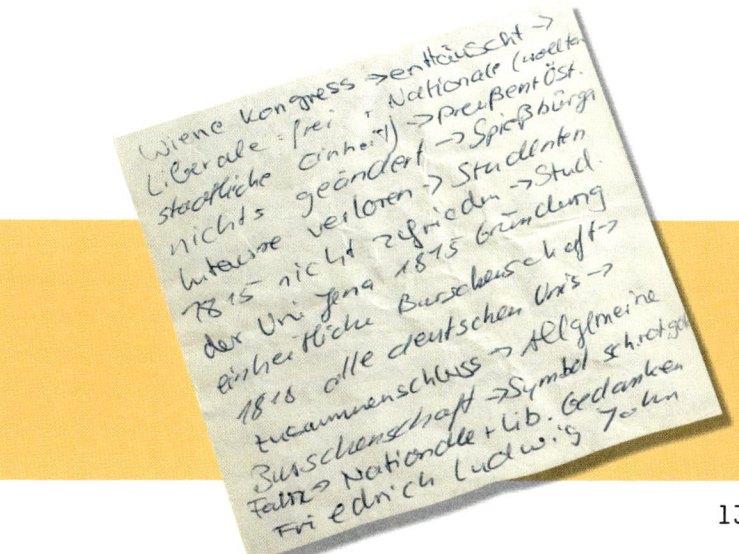

Kommentarlos lässt der Mathelehrer den Geschichts-Spickzettel in seiner Jackentasche verschwinden. Natürlich weiß Susi, dass dieser Spickzettel laut Schulordnung ein nicht zugelassenes Hilfsmittel ist. Ihre Sorge, dass die entsprechende Arbeit mit der Note 6 bewertet würde, ist berechtigt, denn auch die Bereithaltung nicht ausdrücklich zugelassener Hilfsmittel gilt gemäß Schulordnung schon als Täuschungsversuch. Der Mathelehrer aber denkt: Der Zettel betrifft nicht mein Unterrichtsfach. Außerdem ist das Anfertigen von Spickzetteln nicht verboten. Und ob die Geschichtsarbeit schon geschrieben worden ist oder noch bevorsteht, das weiß ich nicht. Ich will es auch gar nicht wissen.

Susi ist sehr erleichtert darüber, dass die Sache mit dem Geschichts-Spickzettel auch in der Folgezeit nicht mehr erwähnt wird und somit kein unangenehmes Nachspiel hat.

Einen Spickzettel verwendet man, um zu spicken. Was in der deutschen Standardsprache als spicken, in einzelnen Regionalsprachen auch als schummeln oder pfuschen bezeichnet wird, heißt im Amtsdeutsch «täuschen». Etymologische Nachschlagewerke klären darüber auf, dass «spicken» bereits seit dem 15. Jahrhundert bedeutet, mageres Fleisch mit Speck zu durchflechten, und damit mit dem Begriff «Speck» verwandt ist. Hiervon kann zu Beginn des 18. Jahrhunderts das Schülerwort «spicken» ausgegangen sein – schließlich wird ja beim Spicken das eigene magere Wissen mit dem Speck des heimlich abgeguckten Fremdwissens gespickt und damit aufgewertet. Spicken könnte aber auch eine Intensivbildung zum Zeitwort «spähen» sein. Sogar das lateinische «specere» (sehen) könnte bei der Herkunft des Wortes eine Rolle spielen. Historisch gesehen ging es also beim Spicken zunächst um (aus)spähen, sehen, heimlich abgucken, nachschauen. Erst im 19. Jahrhundert scheint es dann die selbst hergestellten Nachschau-Hilfen gegeben zu haben, die dann – vom Verb «spicken» abgeleitet – die Namen Spicker und Spickzettel erhielten.

Zu allen Zeiten sahen sich die Schulverantwortlichen mit der Frage konfrontiert, wie mit Schülerinnen und Schülern umgegangen wird, die bei Prüfungen ihren eigenen mageren Kenntnissen nicht durch vermehrten Fleiß vor der Leistungsfeststellung, sondern durch Spicken auf die Sprünge helfen wollen.

In den deutschen Bundesländern gibt es derzeit unterschiedliche schulrechtliche Regelungen für die Folgen von Täuschungshandlungen und Täuschungsversuchen. In Brandenburg etwa gilt: Bedient sich eine Schülerin oder ein Schüler zur Erbringung einer Leistung unerlaubter Hilfe, so ist dies eine Täuschung. Wird bei oder nach der Anfertigung einer bewerteten schriftlichen Arbeit oder eines anderen Leistungsnachweises eine Täuschung oder ein Täuschungsversuch festgestellt, so entscheidet die Lehrkraft je nach Schwere des Falles, unter Berücksichtigung von Alter und Reife der Schülerin oder des Schülers und danach, inwieweit der unter Täuschung erbrachte Teil eindeutig begrenzt werden kann, ob die Leistungsfeststellung fortgesetzt und die Arbeit ganz oder teilweise bewertet, die Wiederholung angeordnet oder die Note ungenügend erteilt wird.

In der Verordnung zur Gestaltung des Schulverhältnisses des hessischen Kultusministeriums ist zu lesen: Bedient sich eine Schülerin oder ein Schüler bei einem Leistungsnachweis nicht ausdrücklich zugelassener Hilfsmittel oder fremder Hilfe oder täuscht sie oder er in anderer Weise über den nachzuweisenden Leistungsstand, so entscheidet die Fachlehrerin oder der Fachlehrer nach pflichtmäßigem Ermessen unter Beachtung des

Grundsatzes der Verhältnismäßigkeit über die zu treffende Maßnahme. Als solche Maßnahme kommt in Betracht:

1. Ermahnung und Androhung einer der nachfolgend beschriebenen Maßnahmen;
2. Beendigung des Leistungsnachweises und anteilige Bewertung des bearbeiteten Teils, auf den sich die Täuschungshandlung nicht bezieht;
3. Beendigung des Leistungsnachweises ohne Bewertung, wobei zugleich der Schülerin oder dem Schüler Gelegenheit gegeben wird, den Leistungsnachweis unter gleichen Bedingungen, jedoch mit veränderter Themen- oder Aufgabenstellung aus der gleichen Unterrichtseinheit zu wiederholen;
4. Beendigung des Leistungsnachweises unter Erteilung der Note ungenügend oder null Punkte.

Die Schülerinnen und Schüler in Baden-Württemberg müssen sich auf Folgendes einstellen: Begeht ein Schüler bei einer schriftlichen Arbeit eine Täuschungshandlung oder einen Täuschungsversuch, entscheidet der Fachlehrer, ob die Arbeit wie üblich zur Leistungsbewertung herangezogen werden kann. Ist dies nicht möglich, nimmt der Fachlehrer einen Notenabzug vor oder ordnet an, dass der Schüler eine entsprechende Arbeit nochmals anzufertigen hat. In Fällen, in denen eine schwere oder wiederholte Täuschung vorliegt, kann die Arbeit mit der Note ungenügend bewertet werden.

Die Schulordnungen im Freistaat Bayern sind recht eindeutig: Bedient sich der Schüler bei der Anfertigung einer zu benotenden schriftlichen oder praktischen Arbeit unerlaubter Hilfe, so wird die Arbeit abgenommen und mit der Note 6 bewertet. Bei einem Versuch kann ebenso verfahren werden. Als Versuch gilt auch die Bereithaltung nicht zugelassener Hilfsmittel. Vielfach wird in den Bestimmungen der Länder auch noch ausdrücklich darauf hingewiesen, dass für mündliche und praktische Leistungsfeststellungen die genannten Bestimmungen entsprechend gelten. Für die Abschlussprüfungen (mittlere Reife, Abitur) gelten eigene Prüfungsordnungen. Diese sehen häufig für die Tatbestände Täuschungsversuch und Täuschungshandlung eigene (meist strengere) Regelungen vor. Auch in allen Bereichen von Studium und beruflicher Bildung kann auf Leistungsnachweise nicht verzichtet werden. Im Gefolge kommt es sicher immer wieder zu Täuschungsversuchen und Täuschungshandlungen, begangen auch von Erwachsenen. Die entsprechenden Studien-, Ausbildungs- und Prüfungsordnungen regeln jeweils die vorgesehenen sanktionierenden Maßnahmen – doch in diesem Buch soll es hauptsächlich um den Bereich Schule gehen.

Die klassischen Spickzettel

Stefan, der gerade aus dem Bus gestiegen ist, wartet wie jeden Schultag an der Haltestelle auf seinen Klassenkameraden Marcus, der normalerweise nur drei Minuten später mit einem anderen Bus ankommt.

«Hi, Marcus!», begrüßt Stefan seinen Freund.

«Hallo, Stefan! Wie hast du denn geschlafen?»

«Eigentlich wie immer. Wieso?»

«Weil wir doch heute eine Arbeit in Wirtschaft schreiben.»

«Da kann mir nichts passieren! Ich hab gestern Nachmittag die ganze Zeit Spickzettel geschrieben. Da schau her, das ist der wichtigste.» Stefan zieht einen kleinen, dicht beschriebenen Zettel aus der Hosentasche und zeigt ihn Marcus.

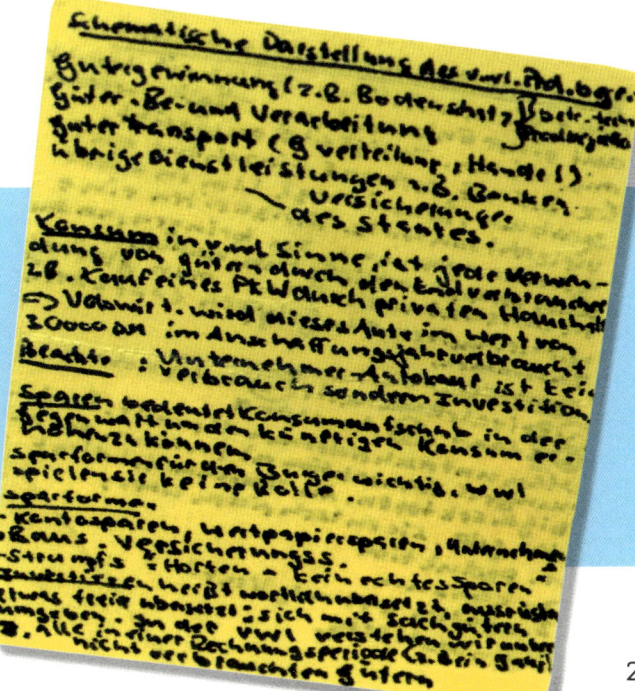

«Nicht schlecht. Alle Achtung!», antwortet dieser anerkennend. «Ich hab auch welche geschrieben. Aber ich hab sie vorsichtshalber nicht mitgenommen. Spicken ist mir zu gefährlich.»

Darauf Stefan verwundert: «Dann hast du dir ja die Arbeit umsonst gemacht! Das wär mir zu blöd.»

Marcus verteidigt sich: «Wir werden schon sehen! Jedenfalls hab ich beim Spickermachen eine Menge gelernt. Ich hab nämlich nicht bloß abgeschrieben, sondern den Prüfungsstoff in Stichpunkten zusammengefasst und für mich passend strukturiert. Manche Sachen habe ich dadurch jetzt erst – aber gerade noch rechtzeitig – richtig begriffen. Ich fühl mich eigentlich ganz gut vorbereitet.»

Nach Unterrichtsschluss treffen sich die beiden auf dem Weg zur Bushaltestelle wieder, und Marcus sagt gutgelaunt zu Stefan: «Also, bei mir ist es in der Klassenarbeit gut gelaufen. Es war gar nicht so schlecht, dass ich gestern so viel Zeit fürs Spickzettelschreiben verwendet habe. Dadurch habe ich fast alles gewusst! Und wie war's bei dir?»

«Du wirst lachen; ich hab mir vor meinem inneren Auge meinen Spicker genau vorstellen können. Und so hab ich den realen Zettel in meiner Hosentasche überhaupt nicht gebraucht. Der virtuelle war genauso gut.»

Seit es Schule gibt, werden Spickzettel in der Weise angefertigt, wie es Marcus und Stefan taten. Die Spicker dieser Sorte sind schlicht die Spickzettel-Klassiker. Sie haben sich bewährt, und es wird sie auch in Zukunft geben. Selbst die neuen Möglichkeiten der Informationstechnologie (zum Beispiel das Handy) werden daran nichts ändern können.

Diese guten, alten Spickzettel sind leicht herzustellen: Man braucht nur ein normales Blatt Papier (es geht einfacher, wenn man das Papier erst nach dem Beschreiben so klein wie möglich zurechtschneidet) und einen gespitzten Bleistift. Ziel ist, den Prüfungsstoff in kleiner Schrift in komprimierter Form aufzuschreiben. Um das zu schaffen, muss man sich zwangsläufig in die Materie einarbeiten, muss die Inhalte verstehen, um sie dann zusammengefasst in knapper Form wiederzugeben. Das ist eine erhebliche geistige Leistung, wie sie sich Lehrer von ihren Schülern eigentlich wünschen. Schüler oder Studierende, die sich auf diese Weise auf eine Prüfung vorbereiten, benötigen den Spickzettel bei der Prüfung nicht mehr. Das klingt verwunderlich, ist aber der Normalfall.

GESAMTBEURTEILUNG

Technische Herstellung: einfach
Zeitlicher Aufwand: entspricht dem Aufwand, der für die ordentliche Vorbereitung auf eine Prüfung erforderlich ist
Geistige Herausforderung: darf nicht unterschätzt werden
Pädagogisch wertvoll

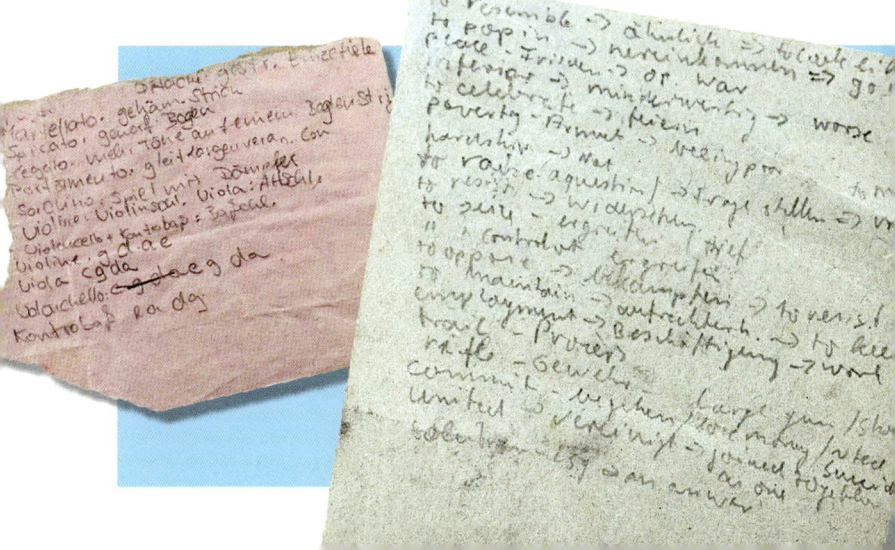

4. Jute

5. Ramie

Russian text (top, on curled paper)

меня летать. Я осмотрел самолет и решил после заправки ...
... или короче. У ... же гостами? Я решил взлететь более коротким
... или дальше, или короче. Мотор работал хорошо. Мы вошли ... Мотор ра...
становилось все меньше. Вот уж ... посадку. Когда он узнал о болезни, он очень ...
и Днепро вел самолет на посадку.

Orange note (German)

Entwicklung
und Bewertung → muss tätig
der Individualität   zur Sanktion ...
                                 sei...

notwendige
Distanz Individuum
Strafe

Postive Sanktionen   Negative Sanktion
Zustimmung   Spott
Anerkennung   Verachtung
Lob   Tadel
Belohnung   Strafe
Beförderung   Ausschluss

Positionen in einer Gruppe
Vermittler   Kritiker

Mitläufer   (echte)   Clown

Sündenbock   Außenseiter

White note (left, German)

begennt mit der
... der Schrift (3000 v. ...
... mit dem Zerfall
... Reiches.
... es begennt mit
... erwanderung
...) Hunensturm und
... der Entdeckung Ame...
(1482) und der Reformation

Buddha note (German)

Buddhas Leben: Siddharta Gautama (=Asket), Überm...
zeichnung: Buddha (der Erleuchtete); geb. um 500
Nepal; Familienstand: verheiratet ein Sohn; Buddha
... aus der Kriegskaste; † um 480. ... in Indien
... des Leidens: Geburt, Alter, Krankheit, sterben,
... Unlieben vereint sein, begehren (Verlangen)
... der Leiden durch achtteiligen Pfad
... Glaube 2) rechte Sicht-Vorsorgen 3) rechtes Denken 4) rechte Re...
... Handelns u. Selbstzucht 6) rechtes Streben 7) rechtes Tun bzw. Han...
8) rechte Selbstver...

Country–Capital list (German)

Land	Hauptstadt	Land	Hauptstadt
Albanien	Tirana	Litauen	Wilna
Kroatien	Zagreb	Ukraine	Kiew
Slowenien	Laibach	Deutschland	Berlin
Makedonien	Skopje	Schweden	Stockholm
Tschechien	Prag	Dänemark	Kopenhagen
Jugoslawien	Belgrad	Norwegen	Oslo
Moldawien	Kischinau	England	London
Bulgarien	Sofia	Island	Reikjavik
Rumänien	Bukarest		
Slowakei	Pressburg		
Finnland	Helsinki		
Lettland	Riga		
...tland			

Math note (lower left)

Relation: $M_1 = \mathbb{D}$ zB. $M_2 = \{-6;-5;-4;-3;...-5;6\}$
$M_2 = W$ $x - 2y = 0$ $M_2 = $
$-2y = -x$ $|\cdot (-2)$
$y = \frac{x}{2}$ $K = \{(-6|-3),(-4|-2),(-2|-1),(0|0)\}$

Relation

x	-6	-5	-4	-3
y	-3		-2	

Funktionen:

der Wertemenge W zugeordnet ist, nennt man diese Relation eine Funktion.
z.B. $x \to y = 6$ $(6-N)$ → $M_2 = \{(6|6),(15|),(24|),(3|)...\}$
... = immer positiv
Umkehrrelation u. Umkehrfunktion = immer das Gegenteil ...
Funktion $f : y = 2x$ ... $P_1 = \{2,5;-2\}$ $P_2 = \{-2,5;-2\}$
der Graph der $f : y = 2x$ ist eine Gerade.
Nachweis: liegt P auf f ja/nein? Koordinaten von P in die Gleichung einsetzen.
bestimme Gleichung d. Geraden $g : A(0|2)$ $g(f)$
... zeichnen $y = mx + t$ wegen $A(0|2)$ ist $t=2$
linke Funktion
... zeichnen z.B.
$x = 1$ $y = 6$ $y = 0$ ...
$t = 0$

zeichnen d. Bild
... geraden, ermitteln
anderen Punkt $x = 1$ $y = 0,5x + 3$
$y = 4$ einsetzen!
$y = 0,5 \cdot 4 - 3 = 2 - 3 = -1$ $P(4|-1) \in g$
$(4|-1)$ mit Vektor $\binom{7}{7}$ auf $P'(x'|y')$ abgebildet
$\binom{x'}{y'} = \binom{-1}{4} + \binom{7}{7}$
$\binom{x'-4}{y'+1} = \binom{7}{7}$
$x' - 4 = 4$ $x' = 4 + 4$ $x' = 8$ $1 = \{8|6|\}$
$y' + 1 = 7 \wedge y' = 7 - 1 \wedge y' = 6$ $P'(8|6) \in g$
$(8|6)$ einsetzen in $y = 0,5x + t$
$6 = 0,5 \cdot 8 + t$ $6 = 4 + t$ $t = 2$ $L = \{2\}$
Die Gleichung der Geraden $g' : y = 0,5x + 2$

French grammar note (lower right)

Projektstrukturvarianten
Inversionsfrage (einfache Fragestellung) Est-tu conti...
absolute Fragestellung (Tu sors demain - t-elle ?)
Est - ce que ... c'est logen (Tu es content)
Intonationsfragen (il/elle, ist, on, ce, ...)

Subjekt = Subjektpronomen (il/elle, ist, on, ce, ...)
Inversion (Dois-tu ...)

Subjekt = Nomen (Fragwort ohne Fragewort)
M.C. était-elle là ?
de Berlin est il arrivé
absolute Fragestellung (Nomen vor Vb, nachvb ...
als Subjektpron. wieder aufgenommen
(Fragen mit Fragewort)

Verb ohne die Objektfügung
(3 mal!) Inversion,
absolute Fr...
Est - ce que

Verb ist die Objektfügung (Buquoi ...
... Est-ce que | Keine Inversion! ...

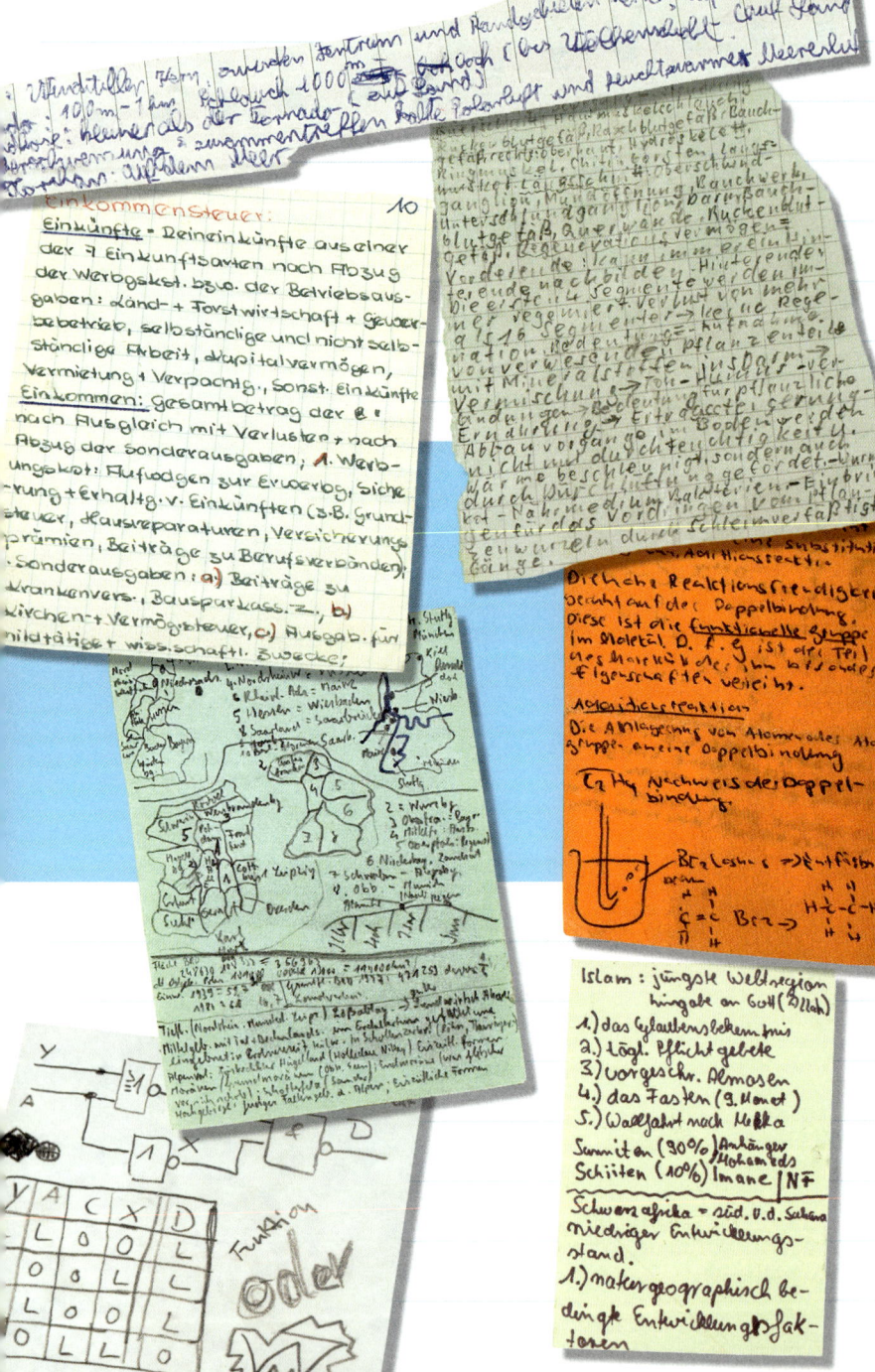

Einkommensteuer:

__Einkünfte__ = Reineinkünfte aus einer der 7 Einkunftsarten nach Abzug der Werbgskst. bzw. der Betriebsausgaben: Land- + Forstwirtschaft + Gewerbebetrieb, selbständige und nichtselbständige Arbeit, Kapitalvermögen, Vermietung + Verpachtg., Sonst. Einkünfte

__Einkommen:__ Gesamtbetrag der E nach Ausgleich mit Verlusten + nach Abzug der Sonderausgaben; 1. Werbungskst: Aufwendgen zur Erwerbg, Sicherung + Erhaltg. v. Einkünften (z.B. Grundsteuer, Hausreparaturen, Versicherungsprämien, Beiträge zu Berufsverbänden)
Sonderausgaben: a) Beiträge zu Krankenvers., Bausparkass. z., b) Kirchen- + Vermögsteuer, c) Ausgab. für mildtätige + wissenschaftl. Zwecke;

D'sche Reaktionsfreudigkeit beruht auf der Doppelbindung. Diese ist die funktionelle Gruppe im Molekül D. f. g. ist der Teil des Moleküls der ihm besondere Eigenschaften verleiht.

__Additionsreaktion__

Die Anlagerung von Atomen oder Atomgruppen an eine Doppelbindung.

Nachweis der Doppelbindung.

Br_2 Lösung → entfärben

$C=C + Br_2 →$

Y	A	C	X	D
L	O	O	L	
O	O	L	L	
L	O	O	L	
O	L	L	L	

Funktion __oder__

Islam: jüngste Weltreligion
Hingabe an Gott (Allah)
1.) das Glaubensbekenntnis
2.) tägl. Pflichtgebete
3.) vorgeschr. Almosen
4.) das Fasten (9. Monat)
5.) Wallfahrt nach Mekka
Sunniten (90%) Anhänger Mohammeds
Schiiten (10%) Imane   NF

Schwarzafrika = süd. v.d. Sahara niedriger Entwicklungsstand.
1.) naturgeographisch bedingte Entwicklungsfaktoren

Die
überflüssigen
Spickzettel

In der Familie Galsterbeck herrscht dicke Luft. Sohn Kevin hat soeben gestanden, in der dritten Mathematik-Klassenarbeit der 9. Jahrgangsstufe die Note ungenügend erhalten zu haben.

«Du weißt doch, dass du dir das nicht leisten kannst! Du machst doch die 9. Klasse sowieso schon das zweite Mal!», lamentiert die Mutter. Der Vater schaltet sich ein: «Hast du denn überhaupt keine der Aufgaben lösen können?»

«Bestimmt hätte ich das meiste lösen können!», verteidigt sich Kevin. «Aber der Lehrer hat mir ja schon nach 15 Minuten das Blatt abgenommen, weil ich angeblich ein unerlaubtes Hilfsmittel benutzt habe.»

«Ach, du liebe Zeit!», jammert Frau Galsterbeck.

«Jetzt will ich's aber genau wissen!», bohrt der Vater.

«Na ja, ich habe einen Zettel gehabt. Mit den Wurzelgesetzen drauf. Die stehen genau so in der Formelsammlung. Und die ist ja erlaubt. Die anderen in der Klasse haben die Formelsammlung

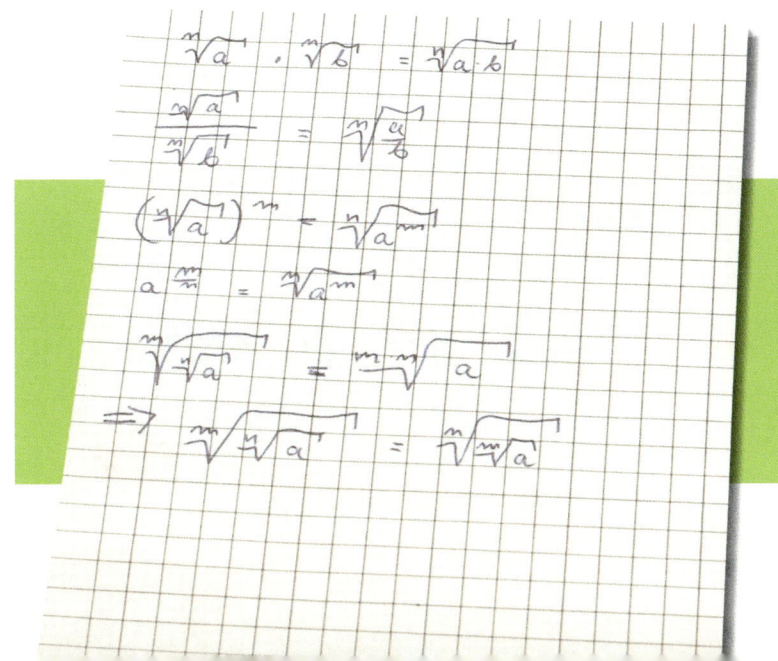

verwendet. Und ich eben den Zettel. Da kann man doch nicht behaupten, dass das ein Spickzettel ist!», sagt Kevin zerknirscht.

Beim Vater regen sich erste Anzeichen von Mitleid und Verständnis. «Und da hat dir der Lehrer einfach das Blatt abgenommen und dir eine 6 gegeben.»

«Ja, genau so war es!», bestätigt Kevin weinerlich. Seine Mutter ist außer sich: «Das ist aber ungerecht. Da musst du etwas unternehmen!»

Herr Galsterbeck ruft den Direktor der Schule an, um einen Gesprächstermin zu vereinbaren. Erstaunlicherweise besteht der aber darauf, dass zuerst ein Gespräch mit dem Fachlehrer des Sohnes zu führen sei. Gezwungenermaßen geht der empörte und zugleich besorgte Vater darauf ein und erscheint zur vereinbarten Zeit im Lehrersprechzimmer. Diesem Mathelehrer wird er die Meinung sagen! Er hat sich zwar bisher kaum um die Erziehung seines Sohnes und dessen schulische Entwicklung gekümmert, aber es gibt Anlässe, bei denen man zeigen muss, dass man ein verantwortungsbewusster Erziehungsberechtigter ist!

Das Gespräch nimmt jedoch leider nicht den von Herrn Galsterbeck geplanten Verlauf. Er muss sich sagen lassen, dass die sachgerechte Handhabung der Formelsammlung eines der Lernziele der 9. Jahrgangsstufe ist. Kevin sei sich bewusst gewesen, dass sein Formelzettel illegal ist. Warum sonst hätte er ihn heimlich verschwinden lassen wollen?

Der Vater erfährt, dass sein Sohn offensichtlich zu faul ist, sich in die Formelsammlung einzuarbeiten. Auch das Suchen von benötigten Informationen mit Hilfe des Stichwortverzeichnisses empfinde er als Zumutung. Häufig erscheine er ohne Hausaufgabe in der Schule, und wenn doch etwas im Heft stünde, sei es meist von einem Mitschüler abgeschrieben.

Am Abend dieses Tages führt Familie Galsterbeck ein äußerst intensives, ausführliches und aufschlussreiches Gespräch, an das sich die Beteiligten noch lange erinnern werden.

Die Formelsammlung ist in Mathematik und Physik meist ein zugelassenes Hilfsmittel, häufig auch ein Rechtschreib-Wörterbuch im Fach Deutsch oder das Periodensystem der Elemente in Chemie. Wer dennoch überflüssigerweise bei einer Prüfungsarbeit einen Spickzettel benutzt, der Daten enthält, an die man auch legal kommen könnte, dem ist nicht zu helfen. Dies kommt zwar selten vor, aber es gibt leider immer wieder Schüler und Schülerinnen, denen die Benutzung von zugelassenen Hilfsmitteln zu anstrengend ist.

GESAMTBEURTEILUNG

Technische Herstellung: primitiv
Zeitlicher Aufwand: gering
Geistige Herausforderung:
auch bei niedrigem IQ machbar
Pädagogisch völlig wertlos; insgesamt peinlich

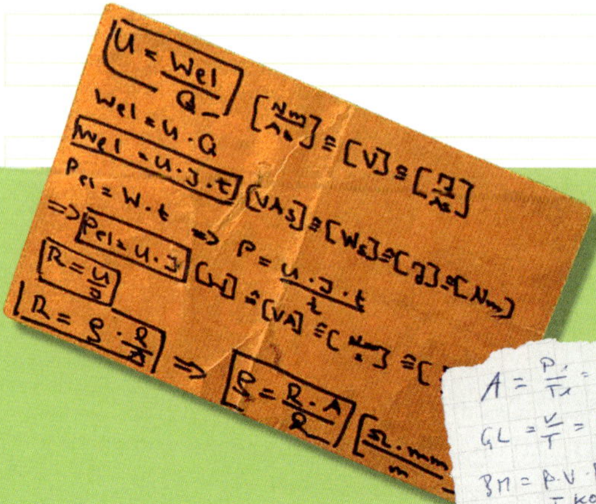

$$U = \frac{W_{el}}{Q}$$
$$W_{el} = U \cdot Q$$
$$W_{el} = U \cdot J \cdot t$$
$$P_{el} = W \cdot t$$
$$\Rightarrow P_{el} = U \cdot J \Rightarrow P = \frac{U \cdot J \cdot t}{t}$$
$$R = \frac{U}{J}$$
$$R = \rho \cdot \frac{l}{A}$$
$$\Rightarrow \rho = \frac{R \cdot A}{l}$$

$$A = \frac{p_1}{T_1} = \frac{p_2}{T_2}\ \text{u.k.}$$
$$GL = \frac{V}{T} = \frac{V_2}{T_2}\ \text{u.k.}\quad \frac{V \cdot p}{T}\quad \text{Allgemeine Gasgleichung}$$
$$Bm = \frac{p \cdot V \cdot p \cdot V_1}{T\ kon}\ ;\ p = \frac{F}{A} \Rightarrow F = p \cdot A$$
$$W_m = F \cdot h\ ;\ p = \frac{F}{A} = W_1 = p \cdot \Delta V$$
$$W_m = p \cdot A \cdot h$$
$$W = c \cdot m \cdot \vartheta$$
$$W = q \cdot m$$
$$q = \frac{W}{m}$$
$$v = \frac{m_1 v_1 + m_2 v_2}{m_1 + m_2}$$

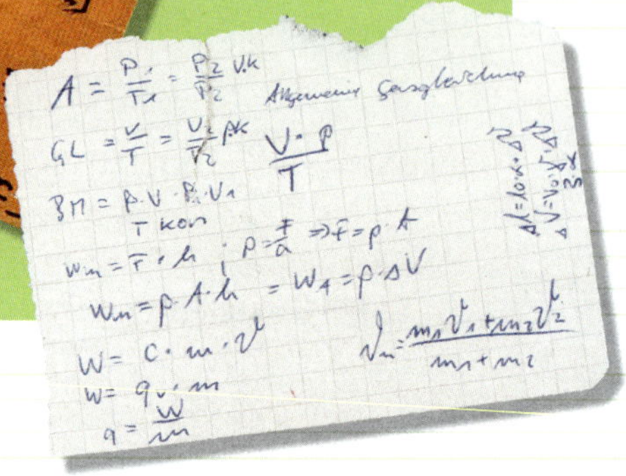

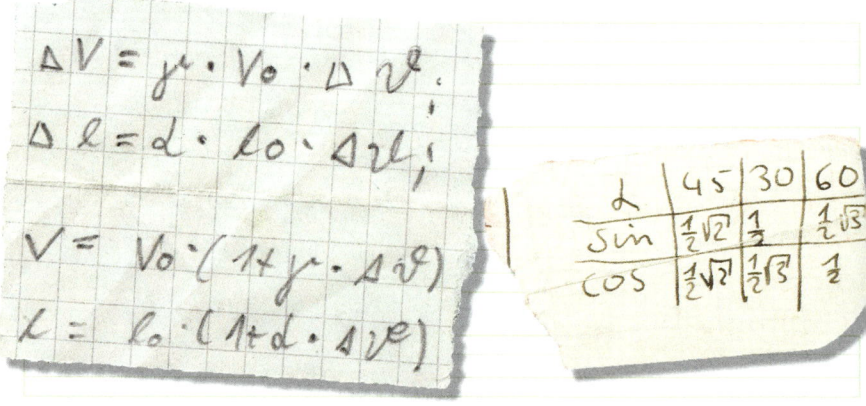

$$\Delta V = \gamma \cdot V_0 \cdot \Delta \vartheta;$$
$$\Delta l = \alpha \cdot l_0 \cdot \Delta \vartheta;$$
$$V = V_0 \cdot (1 + \gamma \cdot \Delta \vartheta)$$
$$l = l_0 \cdot (1 + \alpha \cdot \Delta \vartheta)$$

α	45	30	60
Sin	$\frac{1}{2}\sqrt{2}$	$\frac{1}{2}$	$\frac{1}{2}\sqrt{3}$
Cos	$\frac{1}{2}\sqrt{2}$	$\frac{1}{2}\sqrt{3}$	$\frac{1}{2}$

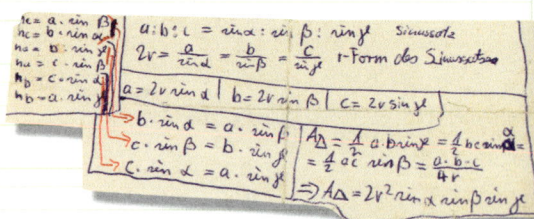

$$a = a \cdot \sin \beta$$
$$h_c = b \cdot \sin \alpha$$
$$h_a = b \cdot \sin \gamma$$
$$h_a = c \cdot \sin \beta$$
$$h_b = c \cdot \sin \alpha$$
$$h_b = a \cdot \sin \gamma$$

$$a : b : c = \sin \alpha : \sin \beta : \sin \gamma\quad \text{Sinussatz}$$
$$2r = \frac{a}{\sin \alpha} = \frac{b}{\sin \beta} = \frac{c}{\sin \gamma}\quad \text{r-Form des Sinussatzes}$$
$$a = 2r \sin \alpha \quad b = 2r \sin \beta \quad c = 2r \sin \gamma$$
$$b \cdot \sin \alpha = a \cdot \sin \beta$$
$$c \cdot \sin \beta = b \cdot \sin \gamma$$
$$c \cdot \sin \alpha = a \cdot \sin \gamma$$
$$A_\Delta = \frac{1}{2} a \cdot b \sin \gamma = \frac{1}{2} bc \sin \alpha$$
$$= \frac{1}{2} ac \sin \beta = \frac{a \cdot b \cdot c}{4r}$$
$$\Rightarrow A_\Delta = 2r^2 \sin \alpha \sin \beta \sin \gamma$$

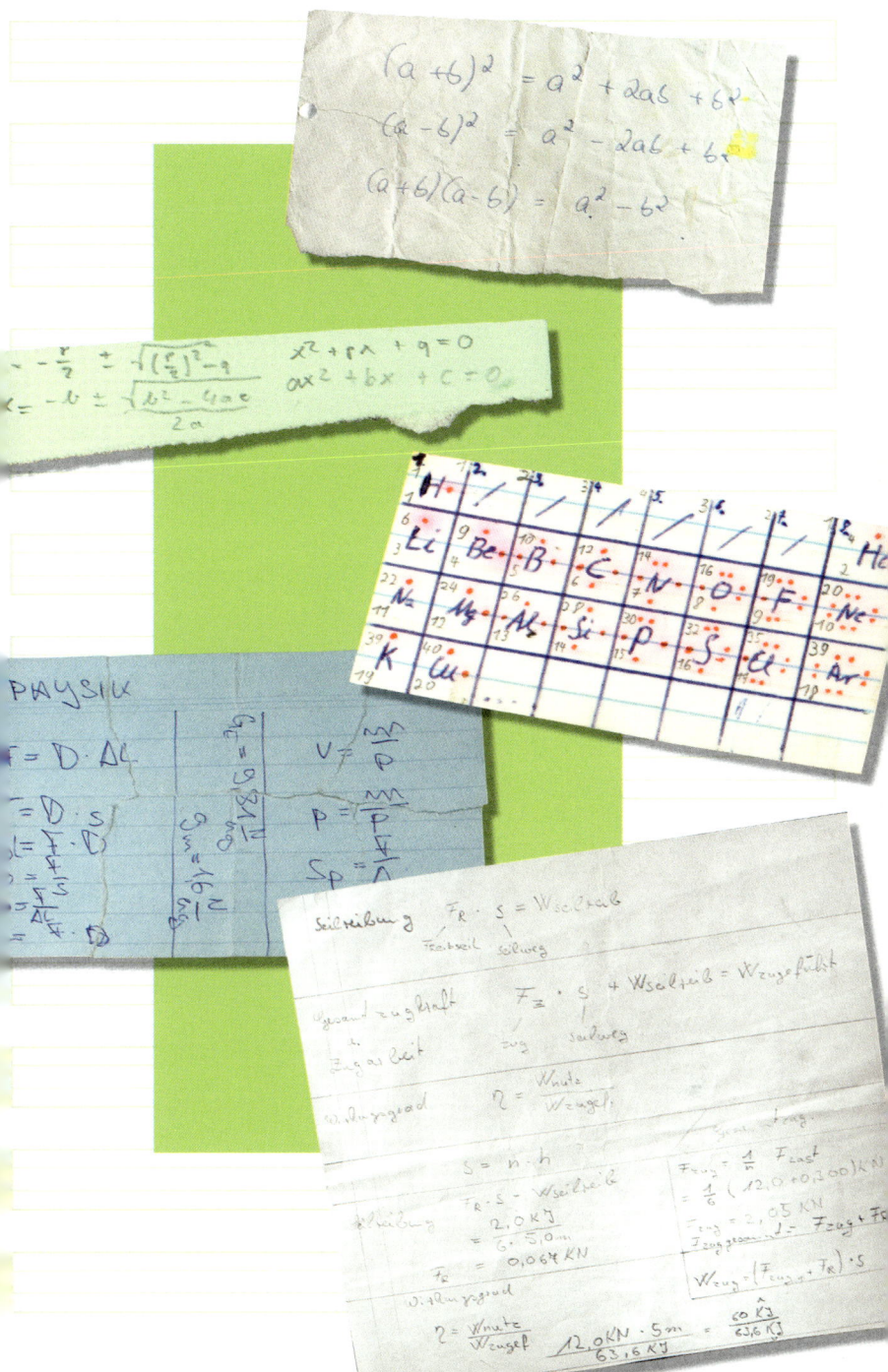

Die gebastelten Spickzettel

Anton Schädlich hält mit seinem schicken titangrauen Wagen pünktlich um 13 Uhr vor dem Hauptportal der Realschule. Die Stadtverwaltung hat zwar – auf Betreiben der Schulleitung – in diesem Bereich ein absolutes Parkverbot ausgeschildert, was Herrn Schädlich aber nicht weiter stört. Schließlich will er seine Tochter Kiara von der Schule abholen, die sicherlich vom aufreibenden Unterricht total erschöpft ist und nur ungern die 25 Meter zum Parkplatz läuft. Als verständnisvoller Vater geht er gern das Risiko ein, wegen Falschparkens angezeigt zu werden, und lässt vorsichtshalber den Motor im Leerlauf weitersurren. Drei weitere im Halteverbot parkende Autos nehmen den aus dem Schulhaus strömenden Kindern und Jugendlichen, die die Straße überqueren wollen, die Sicht auf den fließenden Verkehr. Um Kiara eine Freude zu machen, hat Schädlich die dreijährige Hündin Gina mitgenommen, die nun auf dem Rücksitz einen Freudentanz aufführt. Daraus schließt Schädlich, dass seine Tochter ganz in der Nähe sein muss, obwohl er sie in dem großen Schülerpulk noch nicht entdeckt hat. Und schon öffnet sie die Beifahrertür und beginnt sofort, auf ihren Vater einzureden: «Hallo, Papa! Können Nele und Paul auch mitfahren?»

«Na klar!», willigt dieser ein. Nele, Paul und Kiara gehen in dieselbe 8. Klasse. Außerdem wohnen alle drei im selben Stadtteil. Paul setzt sich auf den Beifahrersitz, und die beiden Mädchen nehmen auf dem Rücksitz Gina in die Mitte, die noch immer außer sich vor Freude ist. Während Schädlich einen schneidigen Start hinlegt und in den zweiten Gang schaltet, begrüßt er die Klassenkameraden seiner Tochter, und noch während des Angurtens überzieht ihn seine Tochter mit Vorwürfen: «Papa! Jetzt hast du schon wieder im Halteverbot geparkt! Erst gestern haben wir gesagt bekommen, wie gefährlich das für die Kinder ist, die bei Unterrichtsschluss aus dem Schulhaus herausstürmen. Es werden jetzt verstärkt Zivilstreifen eingesetzt, die die Nummern der verbotswidrig geparkten Autos aufschreiben sollen. Und dann wird es Anzeigen hageln. Außerdem hast du mit laufendem Motor dort gestanden. Das ist ökologisch gesehen voll bescheuert!»

«Ach was!», lenkt der Vater ab. «Erzähl mir lieber, was heute in der Schule war.»

«Wir haben einen Test in Bio geschrieben», klärt Kiara ihren Vater auf. Paul gesteht: «Heute habe ich eine neue Spickmethode erfolgreich ausprobiert – für mich war sie jedenfalls neu. Gestern Abend hab ich zwei Spickzettel geschrieben und sie danach nebeneinander auf die Rückseite von meinem 30 Zentimeter-Lineal geklebt. Heute habe ich dann bei dem Test das Lineal auf dem Tisch liegen gehabt, natürlich mit der Zentimeterskala nach oben.»

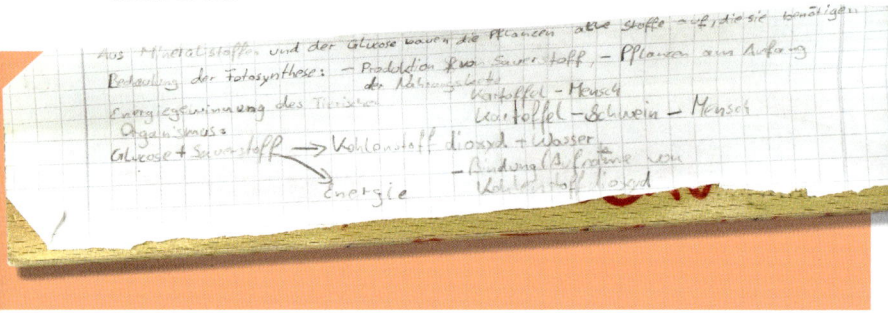

«Und der Lehrer hat nichts bemerkt?» will Anton Schädlich wissen. Kiara meint: «Nur wenn man sich irgendwie auffällig benimmt, wird der Lehrer misstrauisch und schöpft Verdacht. Aber Paul ist ja der Coolste.»

Nele berichtet, dass sie auch einen Spickzettel vorbereitet hatte: «Es war halt bloß ein Zettel ohne zusätzlichen Schnick-schnack. Ich hatte ihn im Pulliärmel versteckt. Aber ich hab

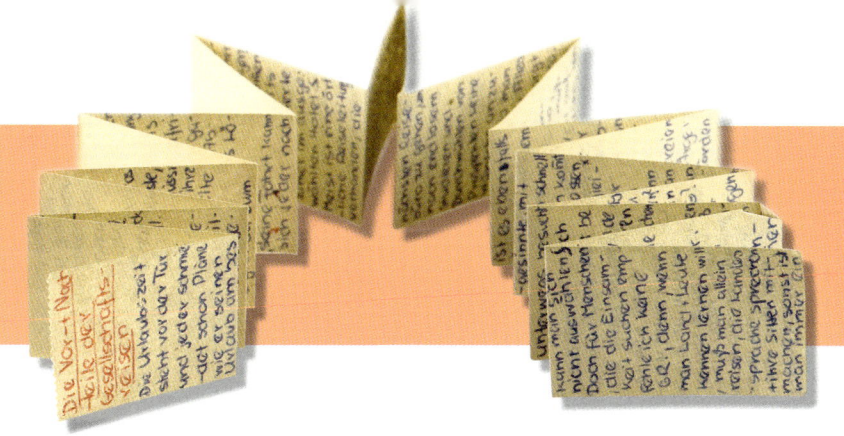

mich nicht getraut, den Spicker rauszuholen. Vielleicht sollte ich auch mal was basteln, so wie du, Paul. Irgendwie müsste man das Spicken perfektionieren. Möglicherweise gibt es da noch andere kleine technische Tricks, von denen man profitieren könnte!»

«Also, zu meiner Zeit haben insbesondere die Mädchen gern und erfolgreich mit der Leporellotechnik gearbeitet», erinnert sich Anton Schädlich. Paul schaut ungläubig: «Was hat denn der Diener in Mozarts Don Giovanni mit dem Spicken zu tun?»

«Gar nichts. Ein Leporellospickzettel ist ein harmonikaartig zusammengefalteter schmaler Spickzettelstreifen, der eine erhebliche Länge haben kann, zum Beispiel 80 Zentimeter.»

Schädlich ist mit sich zufrieden – das ist doch wirklich eine präzise und zutreffende Definition des Leporellospickers!

«Das könnte ich mal probieren!», ruft Nele begeistert. «Was man in der Hand verstecken muss, ist ziemlich klein, aber auf dem auseinandergefalteten Zettel kriegt man echt viele Daten unter!»

Kiara sinniert: «Lässt sich das Problem mit den schmalen, aber langen Spickzettelstreifen nicht noch anders lösen? Könnte man so einen Streifen nicht auch aufrollen?»

Paul, der Technikfreak, ist der Meinung, dass das geht: «Am besten wäre es, wenn man zwei Rollen hat. Auf der ersten Rolle ist der Spickzettel im Ausgangszustand aufgerollt. Wenn man dann bei der Prüfung die Daten braucht, muss man den Streifen abrollen. Der abgerollte Teil des Spickerstreifens muss dann eben gleichzeitig auf einer zweiten Rolle aufgewickelt werden. Aber ob das in der Praxis wirklich funktioniert?»

Schädlich fühlt sich an seine eigene Schulzeit erinnert und steigt begeistert in das Thema ein: «Doch, das funktioniert! Das ist das Prinzip der kommunizierenden Spickerrollen!»

Er spürt, wie sein Ansehen bei den mitfahrenden Teenagern kontinuierlich wächst. Fachkundig ergänzt er: «Am besten ist es, wenn man an die beiden Enden des Spickzettelstreifens als Drehachsen je ein Streichholz klebt. Oder je ein Stück von einem Schaschlikspieß oder einem maßgerecht zersägten Bleistift.»

«Und wenn man das dann noch technisch aufmotzt, bekommt man schließlich das, was mal in einer Zeitschrift abgebildet war», erinnert sich Nele plötzlich. «1956 hat jemand einen Chemie-Spickzettelstreifen von 20 Zentimeter Länge in einer Uhr untergebracht. Waren das womöglich Sie, Herr Schädlich? Zu dieser Zeit müssten sie doch Schüler gewesen sein!»

Gina knurrt. In Anton Schädlichs Gesicht zuckt es nervös. Er ist beherrscht genug, um das, was er denkt, nicht auszusprechen – im Jahr 1956 war er gerade mal drei Jahre alt! Für wie alt hält ihn dieses Mädchen eigentlich? Stattdessen tritt er auf die Bremse und sagt: «Endstation! Bitte alles aussteigen!»

Kiaras Mutter tritt vor die Haustür und beobachtet, wie sich die Insassen aus dem Auto winden. Am schnellsten ist Gina, die schwanzwedelnd an Frau Schädlich hochspringt. Nele und Paul bedanken sich artig für die Mitnahme. Bevor alle auseinandergehen, ringt sich Kiara noch zu einem Entschluss durch: «Ich

41

möchte euch noch was zeigen.» Sie zieht ein Schreibgerät aus dem Rucksack. Paul stellt nüchtern fest: «Das ist ein Kugelschreiber.»

Kiara greift seitlich an eine kaum sichtbare dünne Metallleiste, die in der Längsrichtung des Kugelschreibers verläuft. Damit zieht sie aus dem hohlen Inneren des vermeintlich harmlosen Schreibwerkzeugs einen nicht allzu kleinen Zettel heraus. Als sie die Finger öffnet, schnellt der Zettel zurück und verschwindet augenblicklich wieder im Innern des Kugelschreibers. Paul und Nele staunen sprachlos.

«Da muss ja im Inneren ein Aufrollmechanismus mit Federantrieb versteckt sein. Saubere Arbeit!», äußert sich Paul anerkennend. Kiara erläutert: «Das ist ein hochtechnisierter Spicker für Religion. Da stehen die Bezeichnungen der einzelnen Bücher drauf, aus denen die Bibel besteht.»

Paul will wissen: «Das hast du doch nicht selbst konstruiert. Wer hat denn das raffinierte Teil für dich gebaut?»

Kiara lacht schelmisch: «Das gibt's zu kaufen! Ich muss nur noch herausfinden, wie ich den Reli-Spickzettel gegen einen

anderen Spicker austauschen kann. Dann bin ich in allen Fächern gerettet.»

«Wo kann man diesen Kugelschreiber denn kaufen?», wollen Paul und Nele gleichzeitig wissen. Aus einem geöffneten Fenster des Hauses ruft Kiaras Mutter ungeduldig nach ihrer Tochter.

Kiara antwortet ihren beiden Klassenkameraden: «Wenn ihr in der nächsten Zeit besonders nett zu mir seid, dann verrat ich es euch. Tschüs!»

Bei diesem zweidimensionalen Spickertyp handelt es sich stets um einen beschriebenen Zettel, dessen Effektivität durch mechanische Tricks oder Vorrichtungen häufig enorm gesteigert wird. Der Wunsch nach optimaler Tarnung führt zur Unterbringung des Spickzettels auf der Rückseite eines Lineals oder im Inneren eines mitgeführten Behältnisses (zum Beispiel einer Zigarettenschachtel) oder in einem Armbanduhr-Gehäuse oder im Inneren eines Kugelschreibers. Der Wunsch nach der Bereithaltung einer möglichst großen Datenmenge lässt kreative Täuschungswillige auf die Möglichkeit des selbstgebastelten Minibüchleins, auf den Leporellospicker oder auf das Prinzip der kommunizierenden Spickerrollen kommen. Vielfach sind die gebastelten Spicker technisch äußerst aufwendig hergestellt. Ein weiteres Merkmal ist häufig auch eine ausgeprägte Liebe zum Detail. All diese Sorgfalt, Mühe und Kreativität wird eingesetzt, um Täuschungshandlungen zu optimieren. Wenn man moralische Gesichtspunkte außer Acht lässt, verdient dieser Spickertyp unsere Anerkennung und Hochachtung.

GESAMTBEURTEILUNG

Technische Herstellung: anspruchsvoll bis hochkomplex

Zeitlicher Aufwand: erheblich; manche Spickerprojekte zehren die freie Zeit vor der betreffenden Prüfung auf

Geistige Herausforderung: Der Spickerbastler benötigt vermutlich einen Mindest-IQ. Dieser Grenzwert ist jedoch leider von der wissenschaftlichen Forschung noch nicht ermittelt worden

Pädagogischer Wert: wegen der Notwendigkeit der intensiven Beschäftigung mit Inhalt und Form des Spickers erheblich

Last-Minute-Spicker

Bodo und Marek werden zusammen mit vielen anderen schulpflichtigen jungen Menschen von der U-Bahn ausgespuckt. Nun schlurfen sie gemächlich in Richtung Schule, in der sie die gleiche Klasse besuchen. Sie haben noch eine Menge Zeit bis Unterrichtsbeginn. Marek sieht nicht gut aus an diesem Morgen, und Bodo macht sich wirklich Sorgen: «Mann, Marek, du schaust echt beschissen aus!»

«Danke für das Kompliment! Ist ja aber auch irgendwie verständlich. Oder?! Ich weiß nicht, wie du mit deinen Eltern zurechtkommst, aber meine Alten sind seit einem Jahr so was von anstrengend geworden. Das nervt echt!»

«Hast du Stress gehabt mit deinen Eltern?»

«Da liegst du voll richtig! Das ganz große Problem für sie war, dass ich gestern eine Auszeit gebraucht habe.»

«Ach ja, du warst ja gestern überhaupt nicht in der Schule! Was war denn los?»

«Na ja, ich war halt in der Nacht vorher bis fünf Uhr früh auf 'ner Party in 'nem Club.»

Bodo unterbricht: «Das geht doch aber überhaupt nicht. Du bist doch noch nicht alt genug!»

«No problem! Schau mich an. Die halten mich alle für 19. Jedenfalls war das die Megaparty des Jahres. Es gab so viel geile Typen. Und jede Menge Mädels! Ein neues Lieblingsgetränk hab ich dabei auch aufgetan, den Bloody Geier. Das ist eine echt krasse Mixtur, nicht gerade alkoholfrei.»

Obwohl sie Freunde sind, entspricht Mareks Bericht überhaupt nicht Bodos Lebensstil. Dennoch sagt er verständnisvoll: «Jetzt wird mir manches klar.»

«Jedenfalls hatte ich gestern keinen Bock auf Schule.»

«Was hast du denn den ganzen Tag gemacht?», will Bodo wissen. «Zuerst habe ich lang geschlafen. Dann habe ich vor dem Fernseher rumgehangen. Hätte richtig erholsam sein können, wenn mir nicht meine Mutter ständig Vorträge zum Thema Schule gehalten hätte: wie wichtig es sei, einen vernünftigen Abschluss zu haben. Und dass ich endlich dem Ernst des Lebens ins Antlitz sehen müsse. Und dass mir die Lehrer am Ende des Schuljahres eine Vertragsverlängerung verordnen würden, falls ich mich nicht ab sofort sehr viel mehr anstrenge.»

«Irgendwie kann ich deine Mutter sogar verstehen! Ich hab mich auch schon gefragt, ob du mit den Noten, die du bisher geschrieben hast, nicht Anwärter für eine Ehrenrunde bist.»

Marek kommt jetzt richtig in Fahrt: «Mann! Das ist mir so was von scheißegal! Auf Schule bin ich ohnehin allergisch. Das deutsche Schulsystem ist völlig marode und ungerecht. In einem bestimmten deutschen Bundesland haben sie erst vor kurzem im Matheabitur ganz tolle Aufgaben gestellt. Die waren überhaupt nicht lösbar! Fast 2000 Abiturienten haben die Matheklausur neu schreiben müssen.» Marek ist noch nicht fertig: «Aber für meine Mutter ist ja Schule was ganz Wichtiges, Schönes, Edles! Das Schärfste ist, dass sie mir zuerst keine Entschuldigung für gestern schreiben wollte. Sie wüsste nicht, welche Krankheit sie mir als Erziehungsberechtigte bescheinigen solle. Heute früh hat sie mir in einer Dose selbstgebackene Vollkornteile in meinen Schulrucksack gesteckt. Gehirnnahrung! Das ist alles so peinlich.» Mit diesen Worten entsorgt Marek das Vollkorngebäck in einen Abfallbehälter. «Ganz schlimm war am Abend mein Vater. Er hielt mir einen Vortrag über Pubertät und meinte, dass er meine Selbständigkeitsbestrebungen ernst nähme und dass er mich voll verstehen würde. Und dass ich Geduld mit mir selbst haben solle. Nichtsdestoweniger ginge er aber davon aus, dass sein Sohn das Klassenziel erreichen würde.»

Beim Stichwort Klassenziel schaltet sich Bodo wieder ein. Sie betreten gerade die Schule, als er sagt: «Du wirst doch wohl für Ethik gelernt haben. In dem Fach hattest du ja im Zwischenzeugnis eine 5.»

«In Ethik? Wieso?»

«Der Frosch hat da so Andeutungen gemacht. Heut gibt's bestimmt einen Test.»

Mareks Gesicht wird noch bleicher, als es vorher schon war. Auch wenn er seiner Umgebung einen anderen Eindruck vermittelt, will er insgeheim insbesondere in den Hauptfächern schon passable Leistungsnoten erzielen, was natürlich ohne Leistungsbereitschaft ein schwieriges Unterfangen ist. «Ich weiß überhaupt nix. Ganz blöd ist es, dass Ethik schon in der ersten Stunde ist.»

Im Klassenzimmer angekommen, bittet er Bodo: «Gib mir mal schnell dein Ethikheft. Meins ist so chaotisch.» Bodo greift in seine Tasche, und Marek reißt einen kleinen Fetzen Papier aus einem Block und fängt an, rasch und hektisch zu schreiben. In diesem Moment betritt der Frosch freudestrahlend das Klassenzimmer: «Überraschung! Ihr dürft heute endlich mal wieder zeigen, was ihr könnt: Wir schreiben nämlich einen Test.»

Marek ist mit dem Spickerschreiben gar nicht weit gekommen. Die Farbe seines Gesichts ist zwischenzeitlich knallrot, und die

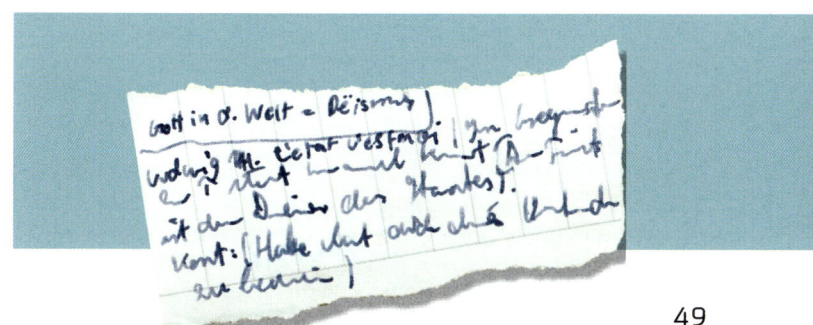

Innenflächen seiner Hände sind feucht. Um sie zu trocknen, holt er aus seiner Hosentasche ein Taschentuch heraus. Dabei fällt unbemerkt ein Zettel zu Boden.

Es ist der vorher in höchster Not schlampig geschriebene Last-Minute-Spickzettel, der Marek auch nicht helfen kann. Sein Prüfungsblatt, das der Lehrer nach rund 20 Minuten entgegennimmt, ist nahezu leer. Bei Bekanntgabe der Ergebnisse eine Woche später erhält Marek erwartungsgemäß die Note ungenügend. Im Jahreszeugnis reicht es zwar noch zur Bewertung mangelhaft. Da er aber auch in Biologie während des Schuljahres insgesamt auf kein besseres Ergebnis kam, bleibt er tatsächlich sitzen.

Der Anstoß zur Anfertigung eines Last-Minute-Spickzettels kommt in der Regel durch die laut geäußerte Vermutung eines Mitschülers zustande, dass eine vom Lehrer nicht angekündigte schriftliche Leistungsfeststellung unmittelbar bevorstünde. Es gibt Schüler und Schülerinnen, die dann in großer Hektik beginnen, noch schnell einen Spickzettel zu schreiben. In höchster Not macht es ihnen auch nichts aus, dass sie dabei von Mitschülern beobachtet werden. Die Notwendigkeit, nebenbei ständig das Umfeld im Blick zu haben (kommt ein Lehrer um die Ecke, oder erscheint gar schon die Lehrkraft im Klassenzimmer, von der vermutet wird, dass sie jetzt gleich die betreffende Arbeit schreiben lässt?), bedeutet Stress pur. In vielen Fällen muss dann das Schreiben des Spickers nach sehr kurzer Zeit abgebrochen werden, manchmal mitten im Wort. Auf diese Weise bleiben nicht wenige Last-Minute-Spickzettel nur Fragmente. Die von den jeweiligen Schülern und Schülerinnen selbst herbeigeführten Umstände der Herstellung von Spickzetteln dieses Typs bringen es mit sich, dass beim Schreiben auf Sorgfalt kaum geachtet wird. Die Zettel sind deshalb häufig schwer leserlich und wirken schlampig. Von Kreativität keine Spur! Während eines Schülerlebens genügt es – normale Intelligenz vorausgesetzt –, maximal einen Last-Minute-Spicker anzufertigen, um zur Einsicht zu gelangen, dass er nichts bringt. Da die Herstellung solcher Spickzettel naturgemäß immer mit nervlicher Belastung verbunden ist, muss Personen, die an Herz- oder Kreislauferkrankungen leiden, dringend davon abgeraten werden, sich so etwas anzutun (wer's bezweifelt, frage seinen Arzt oder Apotheker!).

GESAMTBEURTEILUNG

Technische Herstellung: primitiv
Zeitlicher Aufwand: (gezwungenermaßen) zu gering
Geistige Herausforderung: zu vernachlässigen
Pädagogischer Wert: $\varnothing$ (= leere Menge)

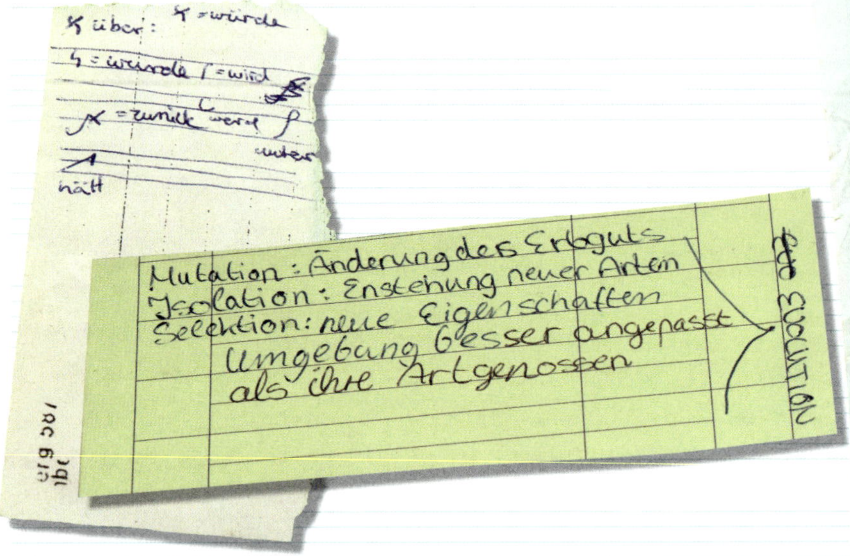

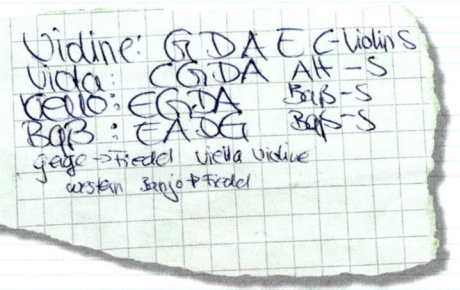

✗ über: ✗ = würde

✗ = würde [= wird]

✗ = zurück werd

unter

hält

Mutation: Änderung des Erbguts
Isolation: Entstehung neuer Arten
Selektion: neue Eigenschaften
Umgebung besser angepasst
als ihre Artgenossen

EVOLUTION

Violine: G D A E C-Violins
Viola: C G D A AH-S
Cello: C G D A Bass-S
Bass: E A D G Bass-S
geige →fiedel viella vidine
ersten Banjo + Fiedel

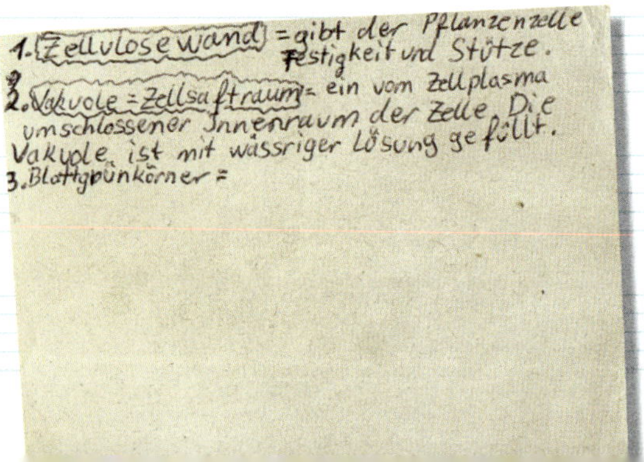

---

1. Zellulose Wand = gibt der Pflanzenzelle Festigkeit und Stütze.
2. Vakuole = Zellsaftraum = ein vom Zellplasma umschlossener Innenraum der Zelle. Die Vakuole ist mit wässriger Lösung gefüllt.
3. Blattgrünkörner =

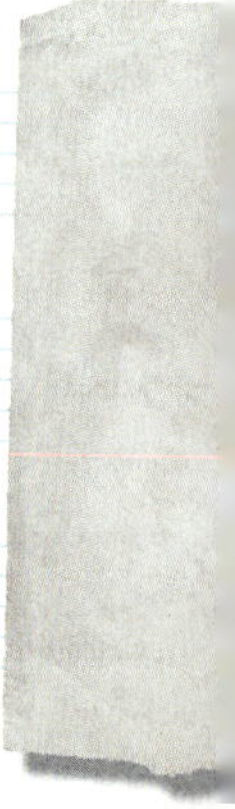

Industrie in Italien

Trentino Süd Tirol — Friaul Julisch-Venezien
Lombardei — Venetien
NORDITALIEN
Piemont — Emilia-Romagna
Ligurien — Toskana — Marken
Umbrien — Abruzzen
MITTELITALIEN — Latium — Molise — Apulien
Kampanien — Basilikata
Sardinien — Kalabrien
Sizilien
300 km
Mezzogiorno

M 50.1
Verwaltungsregionen

Gravitation: Der Betrag der gegenseitigen
Anziehungskraft zwischen zwei Körper
nimmt umgekehrt mit dem Quadrat
des Abstands ab. Außerdem hängt
er von den zwei Körper ab.

Abhängig

noriflor

Eindringen von CO_2 durch die
Spaltöffnungen in die Blattzellen.
Lichtenergie regt Chlorophyll an;
Wasser wird

-Informatik: EDV: Computer Science. Information + Automatik
-Die Wissenschaft, die sich mit der systematischen Verarbeitung von Information
  ... automatischen ... die Information
  beschäftigt, besonders ... Computern ... Datenverarbeitungsanlagen.
  mit Hilfe von elektronischen Daten ...
-EDV: elektronische Datenverarbeitung ...
-Theoretische/Praktische/technische/Angewandte Informatik nennt man
-Hardware: Die Menge aller ... Geräte einer Computeranlage ...
-Software: Die Gesamtheit aller Programme die auf einer Rechenanlage einge-
  setzt werden ... können, nennt man ... Software.

Where	Wo
How	wie
Wha	wer
Why	waren
What	was
When	Wann

53

IT-Spickzettel

Es ist noch gar nicht so lange her, dass man ohne Kopierer und auch ohne PC auskommen musste. Dann aber – beginnend in den achtziger Jahren des 20. Jahrhunderts – hielten Kopiergeräte in Wirtschaft und Verwaltung Einzug. Zunächst war das Kopieren ein teurer Luxus, den sich Schüler kaum leisten konnten. Zu dieser Zeit gab es sogar schon fortschrittliche Familien, die sich – falls es ihnen finanziell möglich war – einen eigenen Computer anschafften. Die stürmische Entwicklung der Informationstechnologie (IT) inspirierte auch die Phantasie und Kreativität von spickwilligen Schülerinnen und Schülern, wie die Geschichte von Ben und Bettina zeigt.

Ben und Bettina besuchen beide die 9. Klasse. Seit Beginn des Schuljahres gehen sie miteinander. An diesem Nachmittag kommt Ben zu Bettina; sie hat ihn sozusagen zu sich bestellt, und zwar durch Klassenpost. Während des Matheunterrichts am Vormittag in der 5. Unterrichtsstunde schreibt Bettina auf einen Löschblatt-Zettel:

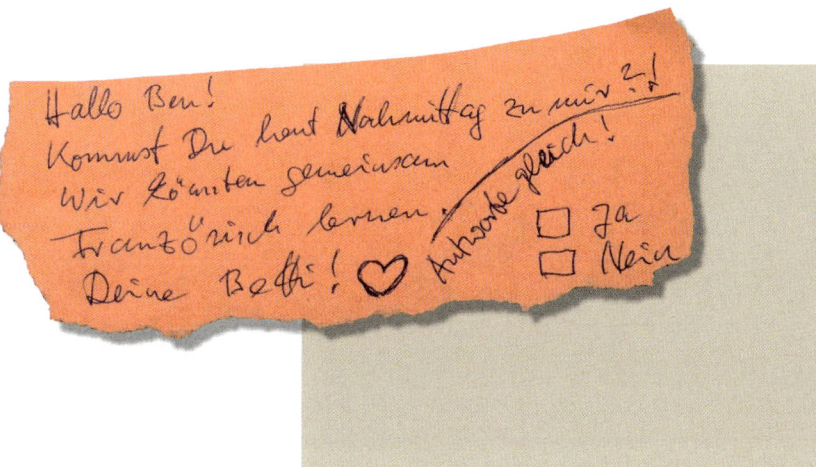

Diesen Zettel steckt sie dann der vor ihr sitzenden Mitschülerin zu, die ihn ihrerseits weitergibt. Schließlich erreicht die Post den weit entfernt sitzenden Ben. Er kreuzt rasch das Feld Ja an, faltet den Zettel und gibt ihn wieder in den Umlauf durch die Klasse. Beim Weiterreichen greift der genervte Lehrer ein und schnappt sich das Briefchen. Er wirft einen Blick auf das beschlagnahmte Ergebnis unerlaubter Kommunikation im Klassenzimmer, knurrt mit gerunzelter Stirn etwas von unterrichtsfremder Beschäftigung, geht dann grinsend zu Bettinas Platz und überreicht der errötenden Schülerin den Zettel mit den Worten: «Damit die Post schneller ankommt!»

Und nun sitzen die beiden also in Bettinas Zimmer zum Französischlernen. Allerdings haben sie bisher lediglich geredet und Musik gehört – stundenlang! Bettinas Mutter schaut zur Tür herein: «Kommt ihr voran in Französisch? Ihr schreibt doch in dieser Woche noch eine Klassenarbeit!»

«Ja, mach dir keine Gedanken!», antwortet die Tochter ungehalten. Als die Mutter wieder draußen ist, fügt sie hinzu: «Die kann echt nerven!»

«Dass die Mauser immer so perverse Themen für die Klassenarbeiten aussucht!», meint Ben. «Da baut sie immer genau die Vokabeln ein, die zuletzt im Buch neu dazugekommen sind. Wenn das so weitergeht, müssen wir uns auf die Französischarbeiten womöglich noch richtig vorbereiten!»

Bettina hat einen Gesichtsausdruck, der Ben wieder einmal verdeutlicht, dass Mädchen für ihn geheimnisvolle Wesen sind. «Für mich hab ich da eine bessere Lösung», haucht sie. «Meine Tante hat in ihrem Büro einen Kopierer, mit dem man auch verkleinern kann. Ich habe mit ihr schon abgesprochen, dass sie mir die letzten Französischlektionen verkleinert. Die werde ich dann bei der Arbeit als Spicker benutzen. Da staunst du, was?»

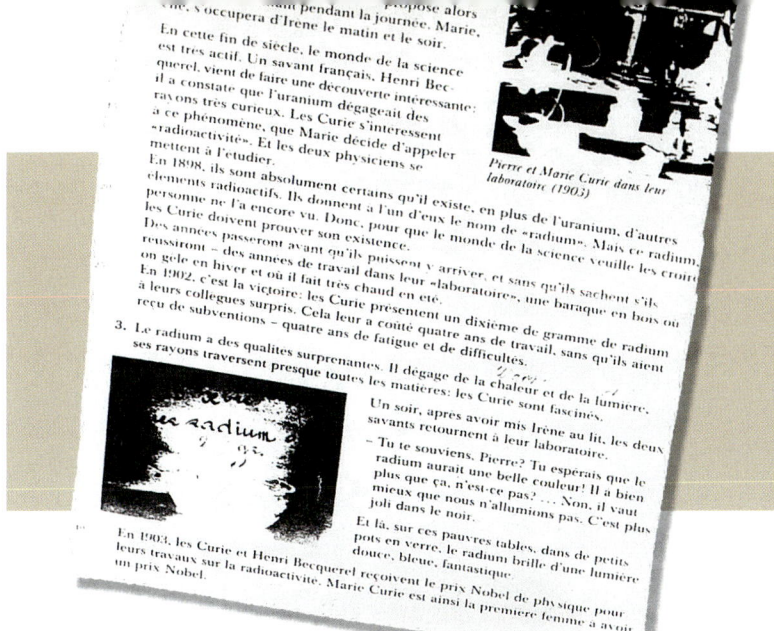

Tatsächlich staunt Ben über diese neuen Möglichkeiten, aber noch mehr über den Umstand, dass seine Freundin offensichtlich nur an sich selbst denkt: «Wenn du mich wirklich liebst, dann sorgst du dafür, dass deine Tante diese Spickzettel auch für mich produziert!»

«Ich denk nicht, dass sie da mit sich reden lässt. Mach dir keine allzu großen Hoffnungen.»

Ben hat aber noch einen Trumpf in der Hand, den er jetzt ausspielt: «Übrigens, ich könnte dir ein Geschäft anbieten. In Chemie hast du ja null Durchblick. Da könnte ich zum Beispiel eine Liste der Formeln von chemischen Verbindungen auf meinem PC abtippen und für dich ganz klein ausdrucken. Zum Spicken bei der nächsten Chemie-Klassenarbeit!»

Die beiden einigen sich; Ben kriegt seinen Französischspicker und Bettina ihre Chemieformeln.

Zu Hause geht Ben sofort ans Werk. Bis tief in die Nacht bearbeitet er die Tastatur und macht dabei die Erfahrung, dass bei der Erfassung per Computer chemische Formeln viel mehr Konzentration erfordern als ein fortlaufender Text. Da er sich nicht sicher sein kann, ob ihm nicht doch Tippfehler unterlaufen, beendet er seine Eingabe mit den Worten: Alle Angaben ohne Gewähr.

Chemische Formeln und Abkürzungen

H_2O	Wasser (eigentlich Wasserstoffoxid)
H_2O_2	Wasserstoffperoxid
HCl	Chlorwasserstoff (oft auch Salzsäure)
HgO	Quecksilberoxid

••••••••••••••••• ALKALIMETALLE •••••••••••••••••••

$_3Li$ / $_2Li^+$	Lithium / Lithiumion
$_{11}Na$ / $_{10}Na^+$	Natrium / Natriumion
$_{19}K$ / $_{18}K^+$	Kalium / Kaliumion
$_{37}Rb$ / $_{36}Rb^+$	Rubidium / Rubidiumion
$_{55}Cs$ / $_{55}Cs^+$	Caesium / Caesiumion

••••••••••••••••• ERDALKALIMETALLE •••••••••••••••••••

$_{12}Mg$ / $_{10}Mg^{2+}$	Magnesium / Magnesiumion
$_{20}Ca$ / $_{18}Ca^{2+}$	Calcium / Calciumion
$_{38}Sr$ / $_{36}Sr^{2+}$	Strontium / Strontiumion
$_{56}Ba$ / $_{54}Ba^{2+}$	Barium / Bariumion
$_{88}Ra$ / $_{86}Ra^{2+}$	Radium / Radiumion

••••••••••••••••• HALOGENE •••••••••••••••••••

$_9F$ / $_{10}F^-$	Fluor / Fluorid
$_{17}Cl$ / $_{18}Cl^-$	Chlor / Chlorid
$_{35}Br$ / $_{36}Br^-$	Brom / Bromid
$_{53}I$ / $_{54}I^-$	Iod / Iodid
$_{85}At$ / $_{83}At^-$	Astat / Astatid

•••

KBr	Kaliumbromid
Br_2	Bromwasser
AgCl	Silberchlorid
AgBr	Silberbromid
AgI	Silberiodid
NaCl	Natriumchlorid / Kochsalz
NH_3	Ammoniak
Ag^+	Silberion
CO	Kohlenmonoxid
CO_2	Kohlendioxid
CH_4	Methan
MgO	Magnesiumoxid

FORMELN, SEITE 2

Kupfersulfat
Kobaldchlorid
Tetrachlorkohlenstoff
•••••••••••••••••••••••••••••••
Charakteristisch für basische Lsg.
Charakteristisch für saure Lsg.
Charakteristisch für Schmelze
•••••••••••••••••••••••••••••••
Ammonium-Ion
Ammonium-Chlorid(-Salz)
Löschkalk (=Kalklauge)
Flußsäure
Schwefeldioxid
Schwefeltrioxid
Schwefelige Säure
Hydrogensulfit
Sulfition
Schwefelsäure
Hydrogensulfat
Sulfation
Magnesiumnitrid
Pyrit
Schwefelwasserstoff
Stickstoffmonoxid
Stickstoffdioxid
Salpetersäure
Salpetrige Säure
Natriumsulfat (-salz)
Ammoniumsulfat
Nitration
Natriumnitrat (oft Chilesalpeter)
Kaliumnitrat (oft Salpeter)
"Lachgas"

Aktueller Stand: 12.6.1994, alle Angaben ohne Gewähr

Seit das Kopieren erschwinglich wurde, auch immer mehr Copy-shops öffneten und zeitgleich leistungsfähige PCs für private Anwendungen zur Verfügung standen und zudem für viele bezahlbar wurden, tauchten auch Spickzettel auf, bei denen die neuen Möglichkeiten der Informationstechnologie genutzt worden waren. Bei solchen IT-Spickzetteln fehlen handschriftliche Vermerke in der Regel; selbst Fehler werden in den seltensten Fällen handschriftlich ausgebessert. Offensichtlich verlassen sich die Nutzer von IT-Spickzetteln auf die Richtigkeit der Kopien oder der Computerausdrucke. Eine kritische Bearbeitung dieser Spickzettel findet anscheinend kaum statt. Man könnte meinen, dass der IT-Spickzettel die anderen Spickzettel-Typen verdrängt hätte, aber das ist nicht der Fall. Er führt eher ein bescheidenes Dasein und ist kein ernsthafter Konkurrent für den handgeschriebenen Spickzettel-Klassiker.

Bei den Spickzetteln in Form von selbst hergestellten Computerausdrucken muss hinsichtlich der Eingabe in das Textsystem zwischen zwei Arten unterschieden werden: Ein Spicker, der durch bloßes Abtippen einer Vorlage entsteht, ist im Blick auf den pädagogischen Wert völlig anders zu beurteilen als ein Spickzettel, der im Sinn eines klassischen Spickzettels bearbeitet wird und damit gewissermaßen als gedruckte Variante des klassischen Spickzettels betrachtet werden kann.

GESAMTBEURTEILUNG

Von einem Spender oder Verkäufer übernommene IT-Spickzettel: pädagogisch total wertlos

Verkleinerte Kopien (selbst hergestellt)
Technische Herstellung: einfach
Zeitlicher Aufwand: gering

Geistige Herausforderung: nicht vorhanden

Pädagogisch völlig wertlos – allenfalls kann die Ein-
übung der Bedienung des Kopierers als gewisser
pädagogischer Gewinn verbucht werden

Computerausdrucke (selbst hergestellt)

Technische Herstellung: einfach bis mittelschwer

Zeitlicher Aufwand: kann hoch sein (insbesondere
wenn nicht nur abgetippt wird)

Geistige Herausforderung: keine, wenn nur von einer
Vorlage abgeschrieben wird, jedoch erheblich, wenn
der Spicker im Sinn eines klassischen Spickzettels
erarbeitet wird

Pädagogischer Wert: kaum gegeben, wenn nur abgetippt wird, jedoch beachtlich, wenn der Spicker als
gedruckte Variante eines klassischen Spickzettels
konzipiert ist

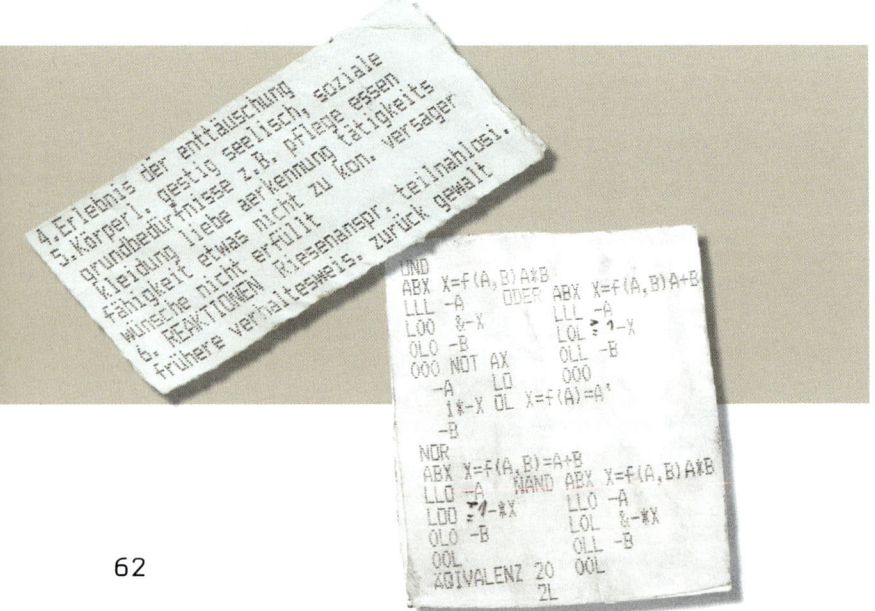

...frageinflation

Nachfrageerhöhung wegen gestiegener Einkommen,
Preissenkungen, sinkender Sparneigung, übermäßiger Kreditnachfrage
Nachfragegeldmenge steigt schneller als die Gütermenge
Preisniveau steigt noch schneller
Staat muss sich weiter verschulden um Güter und Dienstleistungen bezahlen zu
können.

Außennachfrageinflation

Nachfrageerhöhung wegen ungleichgewichtiger Wechselkurse,
unterschiedlicher Inflation
Langanhaltende Exportüberschüsse
Devisen werden in Binnenwährung umgetauscht Geldmenge steigt
Die der Geldmenge gegenüberstehende Gütermenge würde größtenteils
exportiert. Preisniveau steigt

Importierte Inflation

Zu einem gesamtwirtschaftlichen Nachfrage überhang kann neben der Konsum-
und Investitionsnachfrage des privaten Sektors auch die Nachfrage das Staates
und die Nachfrage des Auslandes nach heimischen Gütern (Exporte) beitragen.
Im zuletzt genannten Fall spricht man von einer importierten Inflation, die von
der Nachfrageseite her ausgelöst wurde
Voraussetzung: die Nachfrage nach den Gütern und Dienstleistungen
übersteigt das im Inland mit vorhandenen Produktionsmitteln erstellbare und
durch Importe aus dem Ausland beschaffbare Angebot
Der Nachfrageüberhang wird die Güterpreise nach oben treiben.

Angebotsinflation (Angebotsdruck)

Kosteninflation

Im eigenen Währungsgebiet ansässige Rohstofflieferanten erhöhen die Preise
Die Gewerkschaften setzen überhöhte Lohnforderungen durch
Der Staat erhöht die Steuern

Importierte Inflation

Wie bei der Angebotsinflation (Kostendruckinflation) allgemein, ist von
erheblicher Bedeutung, was die Wirtschaft für importierte Güter bezahlen muss.
Verteuerungen auf Rohstoffmärkten und Verteuerungen aufgrund einer
Abwertung der Währung schlagen stark auf das Preisgefüge im Inland durch
Mit den importierten Waren, Rohstoffen und Energien werden so höhere Preise
importiert
Der Kostendruck zwingt die Unternehmen, die Kosten auf die Preise
abzuwälzen.

Gewinninflation

Unternehmen , die eine starke Marktmacht besitzen erhöhen die Absatzpreise
auf Kosten der Verbraucher

Der Franziskaner JOHANNES VON CAPESTRANO
(1386—1456) ist einer der vielen Gläubigen,
die im 15. Jahrhundert versuchten, die Kirche
von innen her zu erneuern. Er arbeitete an der
Reform seines Ordens und trat als Bußprediger
gegen Luxus und Ausschweifung auf. In seinen
letzten Lebensjahren rief er vor allem zur Ver-
teidigung des Abendlandes durch Gebet, Geld-
opfer und Waffendienst gegen die auf dem Bal-
kan vordringenden Türken auf.

Am Vorabend der Reformation

Kirchliche Mißstände

- hysterische Sünden- und Todesangst
- ausuferndes Wallfahren, übertriebene Hei-
  ligen- und Reliquienverehrung
- Wundersucht, Aberglauben, Teufels- und
  Hexenwahn
- Kauf und Verkauf geistlicher Ämter
- Häufung von Pfründen und Ämtern in einer
  Hand
- Verweltlichung der hohen Geistlichkeit, die
  sich vorwiegend aus dem Adel rekrutierte
- Armut und Unbildung der meisten Seelsor-
  gegeistlichen, vor allem auf dem Land.

Zeichen tiefer Frömmigkeit

- Verinnerlichung des religiösen Lebens
- zahlreiche Gründungen von Laienbruder-
  schaften
- Stiftungen von Hospitälern
- Ansätze verbesserter Priesterausbildung
- zunehmende Predigttätigkeit
- Verbreitung der Bibel in der Volkssprache
- Kirchenneu- und -umbauten in großem Um-
  fang
- Reform der Orden.

Verseifung

Fett + Wasser ————→ Glyzerin + Fettsäuren
(Ester)   (Alkohol)

Fettsäure + Base (z.B.NaOH) $\xrightarrow{\text{Neutr}}$ Salz der Fettsäure ($+$ Wasser)
Seife = Alkalisalze der Fettsäuren
Bsp: Natriumstearat / - seife : $H_3COH + C_nH_mCOO^-Na^+$
Natriumseife = Kernseife; Kaliumseife = Schmierseife
Farbstoffe u. Duftstoffe werden dazugegeben

Augen: $RCOO^-Na^{\oplus} \xrightarrow{+H_2O} RCOOaq + Naaq$
feste Seife   S.anionen + Natriumkationen

$Na^{\oplus}$ reagiert nicht weiter mit H_2O
$RCOO^{\ominus}$ aber tut es
$RCOO^- + H_2O \rightleftharpoons RCOOH + OH^{\ominus}$
Hydroxidanion

basische Wirkung→ Augenschmerzen, Haut wird
Spröde

$\overset{|}{\underset{O}{|}}$ ——→ hydrophob, lipophil

Dreck = Schmutz, Fette u. Staub
Beim Waschvorgang werden nur durch Wasser
Staub und Salze leicht entfernt. nicht Fett.
——→ Seife
Die Seifenanionen dringen mit ihrem lipophilen
Teil in die Fetttröpfchen ein. Ihre negativ geladene
Seite bewirkt die gegenseitige Abstoßung der
Tröpfchen. die wichtigsten Phasen:
1. Benetzung durch Herabsetzung der Grenzfläche
spannung.
2. Ablösung und Zerteilung des Schmutzes.
3. Tragen des Schmutzes.
Waschv. wird unterstützt durch:
1. Temperaturerhöhung
2. mechanische Bearbeitung
Moderne Waschmittel enthalten einiges mehr als s...
...über Bleichmittel, optisch...

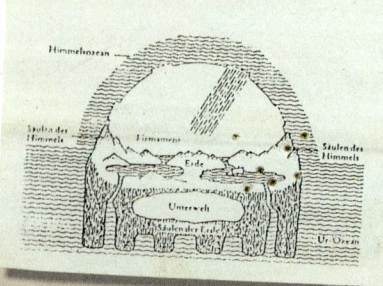

n die bunten Fahnen wehen,
die Fahrt wohl übers Meer.
n wir gerne Lande sehen,
der Abschied uns nicht schwer.
chtet die Sonne, ziehen die
ken, klingen die Lieder weit übers Meer.

Sonnenschnein ist unsere Wonne, wie
er lacht am lichten Tag !
Doch es geht auch ohne Sonne,
wenn sie uns nicht scheinen mag.
Blaßen die Stürme, braußen die
Wellen, singen wir mit dem Sturm unser Lied.

Wo die blauen Gipfel ragen,
lockt so mancher steile Pfad.
Immer vorwärts ohne zagen, bald
sind wir dem Ziel genaht !
Schneefelder blinken, leuten von
...rne her, Lande versinken

Innere Nebengruppenelemente:

drittletzte Schale: • f-Teilschale vollbesetzt
(Lanthanide ; Actinide ...
Actinium folgende)
• Lutetium und Lawrencium ...
von 32 (18+14) e⁻ (3.-le...

Chrom: Ox: $Cr^{3+} + 8OH^- \rightarrow CrO_4^{2-} + 4H_2O$

Red: $H_2O_2 + 2e^- \rightarrow 2OH^-$

Redox: $2Cr^{3+} + 3H_2O_2 + 10OH^- \rightarrow 2CrO_4^{2-} + 8H...$

Ansäuern: $2CrO_4^{2-} + 2H_3O^+ \rightarrow Cr_2O_7^{2-} + 3H_2O$

Red: $Cr_2O_7^{2-} + 14H_3O^+ + 6e^- \rightarrow 2Cr^{3+} + 21H_2O$

Ox: $SO_3^{2-} + 3H_2O \rightarrow SO_4^{2-} + 2H_3O^+ + ...$

Redox: $Cr_2O_7^{2-} + 3SO_3^{2-} + 8H_3O^+ \rightarrow 2Cr^{3+} + 3SO_4^{2-} + 12H_2...$

Cr(III)-Ion Cr^{3+}: grün $Cr_2O_7^{2-}$: orange (Dichromat-Ion)
CrO_4^{2-}: gelb (Chromat-Ion)

Mangan: Ox: $MnO_2 + 2O^{2-} \rightarrow MnO_4^{2-} + 2e^-$ | ·3

Red: $ClO_3^- + 6e^- \rightarrow Cl^- + 3O^{2-}$

Redox: $3MnO_2 + ClO_3^- + 3O^{2-} \rightarrow 3MnO_4^{2-} + Cl^-$

(O^{2-} von KOH)

$KOH \rightarrow O^{2-} + 2K^+ + H_2O\uparrow$

Ox: $MnO_4^{2-} \rightarrow MnO_4^- + e^-$ | 2

Red: $MnO_4^{2-} + 4H_3O^+ + 2e^- \rightarrow MnO_2 + 6H_2O$

Redox: $3MnO_4^{2-} + 4H_3O^+ \rightarrow 2MnO_4^- + MnO_2 + 6H_2O$

MnO_2: Braunstein (braun)
MnO_4^{2-}: Manganat-VI-Ion (grün)

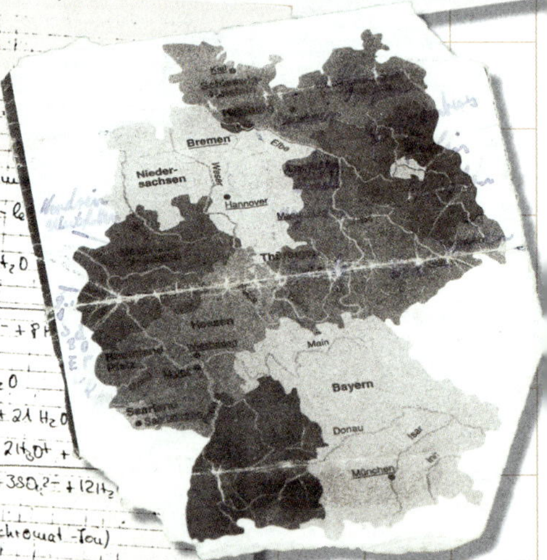

Die unauffälligen Spickzettel

Es sind schöne, warme Sommertage, und das Schuljahr liegt in den letzten Zügen. Die meisten Lehrer in Michis 9. Klasse lassen sich immer wieder neue Überraschungen einfallen, um die Schüler und Schülerinnen noch zur Mitarbeit zu motivieren. Einige dieser Überraschungen sind mündliche Abfragen und kleinere schriftliche Prüfungsaufgaben.

«Ferienstimmung kann da noch nicht aufkommen!», entrüstet sich Michis Tischnachbar. Michi, der Lehrerversteher, entgegnet: «Unsere Lehrer sind eigentlich arme Schweine. Die haben ja genaue Vorschriften, wie viele Einzelnoten sie mindestens haben müssen, damit sie daraus die Jahresnote bilden können.»

«Weiß ich», nörgelt der Tischnachbar. «Und außerdem ist es sicher so, dass einige von uns in manchem Fach zwischen zwei Noten schwanken. Da müssen halt die Lehrer noch Leistungstests durchführen, damit sie entscheiden können, welche von den beiden möglichen Bewertungen schließlich im Zeugnis stehen wird. Ich bin echt froh, wenn der Termin für den Notenschluss kommt. Dann hat die Quälerei ein Ende.»

«Ein vorläufiges Ende! Bis August oder September», ergänzt Michi. «Übrigens ist es bei mir so, wie du gesagt hast: In Englisch stehe ich zwischen 4 und 5. Aber gestern nach der mündlichen Abfrage hat der Weckerlein mir unter vier Augen mitgeteilt, dass er mir ja eigentlich nichts sagen dürfe und dass die Zeugnisnoten erst von der Notenkonferenz festgesetzt würden, dass aber viel dafür spräche, dass ich als Zeugnisnote in Englisch ein Ausreichend bekommen könne. Damit hab ich die 9. Klasse geschafft! Deshalb gönne ich mir heute auch etwas. Wenn ich heute Nachmittag die Hausaufgaben hinter mir habe, mache ich zusammen mit Denise einen Fahrradausflug. Ich muss zwar noch mit ihr reden. Aber wenn ich ihr ein Eis in Aussicht stelle, fährt sie bestimmt mit.»

Denise und Michi besuchen dieselbe Klasse, in der es ein offenes Geheimnis ist, dass Denise Michi nicht gleichgültig ist. Als der Gong zur Pause ertönt, eilt Michi quer durch das Klassenzimmer schnurstracks zu ihr.

«Hallo, Denise! Heute ist so ein wunderbarer Tag, und wir haben nicht viel auf. Was hältst du von einem gemeinsamen Radausflug? So wie letzte Woche, mit einem Eiscafé als Zwischenstopp.»

Das Unerwartete und für Michi schier Unfassbare geschieht: Denise lehnt ab – mit der fadenscheinigen Begründung, sie habe heute keine Zeit. Dann lässt sie ihn stehen. Michi ist wie gelähmt. Mit offenem Mund sieht er ihr nach, und die Art ihrer Reaktion gibt ihm das sichere Gefühl, dass Denise auch morgen und übermorgen keine Zeit mehr für ihn haben wird. Traurig, enttäuscht und abwesend sitzt Michi noch den Rest des Unterrichts ab. Nur am Rand bekommt er mit, dass sich Denise zu Beginn der letzten Unterrichtsstunde im Direktorat der Schule eine Befreiung wegen gesundheitlicher Probleme ausstellen lässt. Das Repertoire ihrer gelegentlichen plötzlichen Erkrankungen während des Unterrichtstages besteht im Wesentlichen aus Übelkeit, Migräne und Bauchschmerzen. Es ist durchaus kein Zufall, dass diese Krankheitssymptome von niemandem, auch von keinem Mitglied der Schulleitung, angezweifelt werden können.

Mit hängendem Kopf trottet Michi nach Unterrichtsschluss nach Hause. Lustlos stochert er im Mittagessen herum, und auf die besorgte Frage seiner Mutter, was ihm fehle, antwortet er, dass alles in Ordnung sei. Für die Erledigung der Hausaufgaben brauchte er viel zu lange. Um auf andere Gedanken zu kommen, beschließt er am späten Nachmittag, wenigstens noch ins Freibad zu gehen. Das Wetter ist dafür ideal, die Lufttemperatur hochsommerlich.

Die Liegewiese des Schwimmbads ist noch gut gefüllt. Michi hält gerade nach einem passenden Platz für sich und seine Utensilien Ausschau, als sein Blick auf ein attraktives Mädchen im Bikini auf einer bunten Decke direkt vor ihm fällt. Es ist Denise, die mit Dirk aus der Parallelklasse turtelt. Dirk bemerkt Michi sofort: «Komm doch her. Hier ist noch Platz für dich und dein Badetuch. Schade, dass du jetzt erst kommst. Wir sind schon seit Mittag hier.»

Michi würde gern auf die Gesellschaft der beiden verzichten, will aber nicht uncool wirken und lässt sich zögernd nieder. «Ich habe ja schließlich essen und die Hausaufgaben machen müssen. Aber wieso seid ihr schon seit Mittag hier im Bad, wo doch die Schule frühestens um eins aus ist?»

Dirk lacht: «Denise hat sich wie abgesprochen in der letzten Stunde befreien lassen, weil sie sooo krank ist. Als sie mich aber am Schulhoftor getroffen hat, da ging's ihr gleich wieder besser. Und ich selbst hab einfach die letzte Stunde geschwänzt. Hausaufgaben mach ich so kurz vor den Ferien eh nicht mehr. Ich werde doch nicht die wertvolle Zeit mit so etwas Blödsinnigem verschwenden! Da widme ich mich schon lieber diesem Mädchen hier.»

Denise schaut ihn bewundernd an. Michi denkt: Widerlicher Aufschneider! Zu Dirk gewandt sagt er: «Aber ihr schreibt doch sicher noch unangekündigte Tests. Dafür musst du dich doch vorbereiten und lernen!»

Da lacht Dirk nur: «Spicken ist jetzt angesagt, mein Lieber. Der Andi liefert mir die Spickzettel. Der schreibt alles im Unterricht in Ringbüchern mit. Seine Schrift und seine Zeichnungen sind total ordentlich und sauber. Zu Beginn der Stunde – wenn sich herausstellt, dass wir einen Test schreiben – lasse ich mir von ihm die passenden Blätter geben. Er selbst braucht sie nicht,

Magnetismus

- Ein Magnet übt eine Anziehungskraft z.B. auf einen Eisenstab aus. Umgekehrt zieht auch der Eisenstab den Magnet an. So spricht man vom Wechsel-wirkungsprinzip (Bild 1)
  (Bild 1.)

  N = Nordpole
  S = Südpole

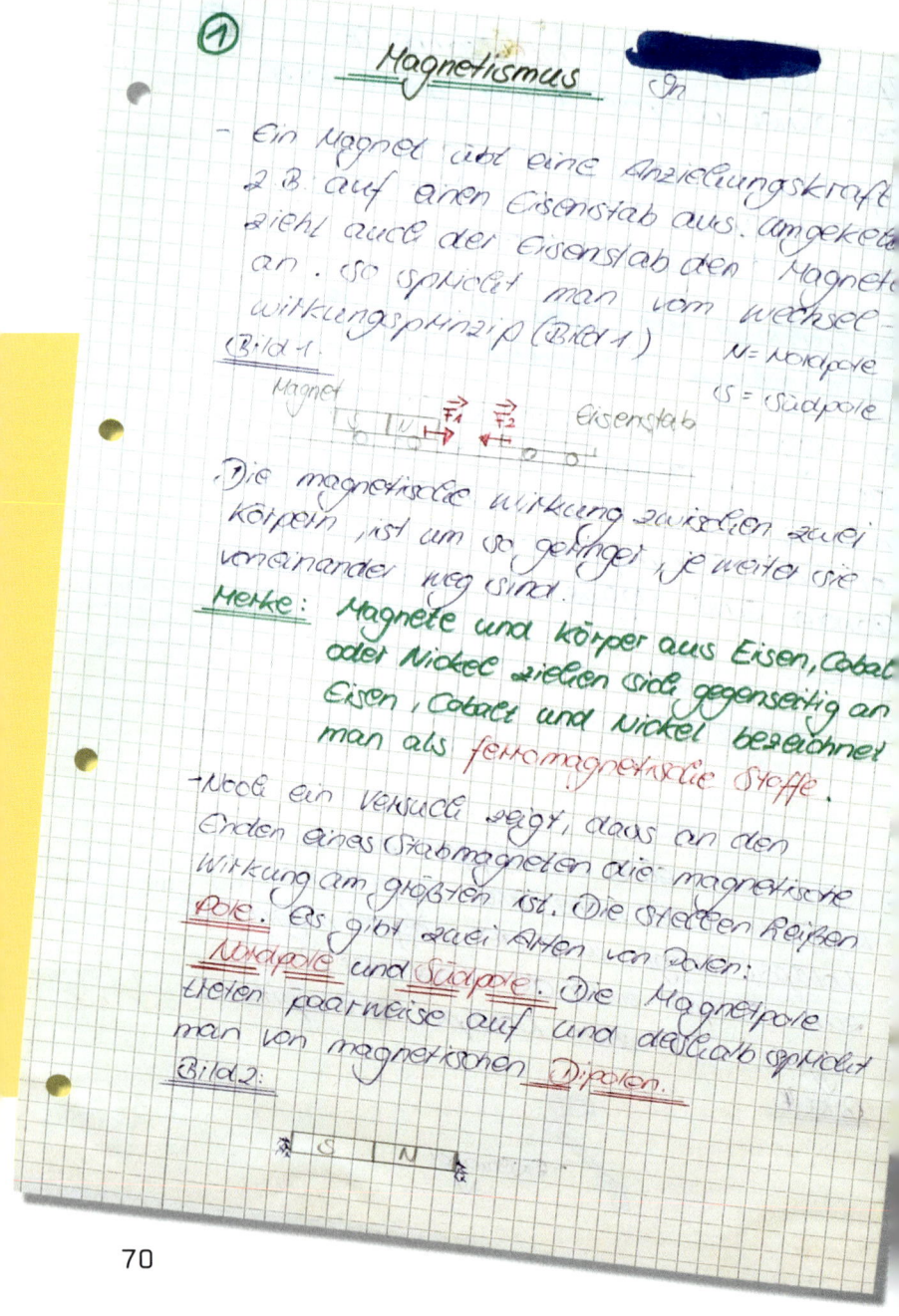

Magnet $\vec{F_1}$ $\vec{F_2}$ Eisenstab

. Die magnetische Wirkung zwischen zwei Körpern , ist um so geringer , je weiter sie voneinander weg sind.

<u>Merke:</u> Magnete und Körper aus Eisen, Cobalt oder Nickel ziehen sich gegenseitig an. Eisen , Cobalt und Nickel bezeichnet man als <u>ferromagnetische Stoffe.</u>

- Noch ein Versuch zeigt, dass an den Enden eines Stabmagneten die magnetische Wirkung am größten ist. Die Stellen heißen <u>Pole</u>. Es gibt zwei Arten von Polen: <u>Nordpole</u> und <u>Südpole</u>. Die Magnetpole treten paarweise auf und deshalb spricht man von magnetischen <u>Dipolen.</u>
  Bild 2:

	S		N	

weil er ja zu den armen Irren gehört, die das alles lernen. Zum Beispiel haben wir heute einen Test in Physik über das Thema Magnetismus geschrieben. Da fällt mir ein, dass ich vergessen habe, dem Andi seine zwei Blätter zurückzugeben. Schau mal!» Er zieht ein beschriebenes Blatt im Format A4 aus seinem Rucksack.

«Und was hast du mit dem riesigen Blatt gemacht?», will Michi wissen.

«Na, was schon? Ich habe es auf den Tisch gelegt und abgeschrieben.»

Darauf Michi verwundert: «Hat denn euer Physiklehrer nichts bemerkt? Das Blatt ist doch nicht zu übersehen!»

«Nö! Lehrer bilden sich ein, dass Spickzettel klein und irgendwo versteckt sind. Deshalb halten sie bei Prüfungen nur nach Kleinem Ausschau und übersehen die unauffälligen großen Blätter. Sollte ich doch einmal erwischt werden, macht mir das auch nichts aus. Ich stehe notenmäßig so gut da, dass mir praktisch nichts mehr passieren kann, auch wenn ich nur noch lauter Sechsen bekomme. Wenn die eine oder andere Zeugnisnote schlechter ausfallen sollte, ist mir das auch egal. Ich habe es nicht nötig, mich mit dem Zeugnis um einen Ausbildungsplatz zu bewerben. Ich will ja bis zum Abitur weitermachen.»

Jetzt hat Michi genug. Er stürzt sich ins Wasser und schwimmt ein paar Runden. Das tut gut! Als er auf die Wiese zurückkommt, ist das Paar bereits verschwunden. Dass Denise auf so einen arroganten Angeber steht!

Langsam beruhigt sich Michi wieder; wieder hat er etwas über Mädchen gelernt. Er kann nicht wissen, dass diese neue Erkenntnis für ihn bei weitem nicht die letzte zu diesem Thema gewesen sein wird. Wie auf so vielen Gebieten ist auch lebenslanges Lernen nicht nur erforderlich, sondern unausweichlich …

Ja, es gibt sie, die großformatigen Spickzettel – man unterscheidet jedoch zwei Untergruppen. Die Exemplare der einen Kategorie sind eigentlich einem der anderen Spickertypen zuzuordnen; es handelt sich in Wirklichkeit um klassische, überflüssige, Last-Minute- oder um IT-Spickzettel. Sie sind nur (zu) groß ausgefallen. In der Prüfungssituation muss ihre jeweilige Größe bei der Wahl des Verstecks berücksichtigt werden. Spickzettel dieser Kategorie werden unter oder in der Schreibunterlage oder sogar unter dem Prüfungsblatt untergebracht. Während der laufenden Prüfung ist das Hervorholen eines XXL-Spickers aus einem Versteck in der Kleidung oder am Körper zu riskant. Ansonsten ist die pädagogische Beurteilung dieser ersten Variante der großformatigen Spickzettel jeweils identisch mit der Beurteilung des Spickzettel-Typs, dem der einzelne Spickzettel eigentlich zuzurechnen ist.

Die andere Kategorie der großformatigen Spickzettel stellt tatsächlich einen eigenen Spickzettel-Typ dar. Hierbei handelt es sich um Notizen oder Zeichnungen aus dem regulären Unterricht, also zum Beispiel um Heftseiten oder Arbeitsblätter, die im Schulalltag sowieso entstehen und deren Vorhandensein an den Schüler-Arbeitsplätzen anscheinend nicht weiter auffällt. Jedenfalls wird immer wieder berichtet, dass mit diesen im normalen Unterricht erarbeiteten Unterlagen des Formats A4 erfolgreich gespickt wurde – und dies, obwohl die Maxispicker ganz offen auf dem Schülertisch lagen. Diese Sorte von Spickzetteln scheint besonders unauffällig zu sein. Möglicherweise ist es so, dass bei vielen Lehrern während der Prüfungsaufsicht die visuelle Wahrnehmung durch zwei Filter eingeschränkt ist. Der eine Filter sortiert die Wahrnehmung «großes A4-Blatt» aus, da Spickzettel bekanntlich klein sind. Der andere Filter lässt die Sinneswahrnehmung «großes A4-Blatt, offen auf dem Tisch liegend» nicht ins Bewusstsein dringen, da niemand so dreist sein würde, auf diese verwegene Art

zu spicken. Es ist jedoch klar: Wenn bei einer Lehrkraft eine Täuschungshandlung mit Hilfe eines derartigen großformatigen (und
deshalb angeblich besonders unauffälligen) Spickzettels einmal
aufgeflogen ist, dürfte bei ihr in der Folgezeit diese Methode nicht
mehr funktionieren.

GESAMTBEURTEILUNG

Großformatige Spickzettel der Kategorie I (Spickzettel,
die in Wirklichkeit große Spielarten der klassischen
oder der überflüssigen oder der Last-Minute- oder der
IT-Spickzettel sind): Es gilt jeweils die Gesamtbeurtei-
lung des entsprechenden Spickzettel-Typs.

Großformatige Spickzettel der Kategorie II (nicht
eigens angefertigte Zettel, sondern Unterlagen, die
im regulären Unterricht entstanden sind und als
unerlaubte Hilfsmittel lediglich bereitgehalten werden
müssen)
Technische Herstellung: Herstellung nicht erforderlich,
da die Unterlagen bereits vorhanden sind. Sie müssen
lediglich bereitgehalten werden
Zeitlicher Aufwand: praktisch keiner – der ideale Spickertyp für Faule
Geistige Herausforderung: Die Handhabung des Spickers während der Prüfung erfordert schon eine
gewisse Intelligenz; ansonsten primitiv
Pädagogischer Wert: keiner; es sei denn, man geht
von der unwahrscheinlichen Annahme aus, dass im
Unterricht deshalb sauberer gearbeitet wird, damit
die Unterlagen beim Einsatz als Spickzettel gut lesbar
und übersichtlich sind

Ratatouille

Olivenöl zum Andünsten
2-3 Zwiebeln darin glasig dünsten
150 g Rinderhackfleisch
1 Knoblauchzehe
Salz, Paprika edelsüß, Pfeffer, 1 Prise Cayennepfeffer, Thymian
½ - 1 grüne Paprikaschote
½ - 1 gelbe Paprikaschote
½ - 1 rote Paprikaschote
⅓ Salatgurke
⅓ Aubergine
1 kleine Zucchini
2 Tomaten, geschält und geschnitten
wenig Wasser zum Aufgießen
1 Teel gekörnte Brühe

10 - 20 Min zugedeckt dünsten

etwas Butter
Petersilie

Beilage: Käsenudeln, Gedünstetes Reis, Kartoffelbrei oder
Weißbrot

Informatik - Zusamme

1. Expertensysteme

Bereiche der mensc
Denken
Visuelle
Sprachlich
Manipulati
Denkstrategis

Aufgabe von ES ist das Ber
Grund Wissen und Erfahrun
Das erfordert: -Fachwissen (
-aus diesem S
-zu gestellten
Vorteil: Nutzbarmachung von

2. Entwicklung der Compute

Gen.	Jahr	
0	1934	
	1944	
1	1946	
2	1956	
3	1962	
		Mikros
	1971	R
		Hochi
5./6.	1980	„Neurai (
	1984	In einer
	1987	IN

3. Steuerung und Regelung

Definition der Steuerung:
Techn. Vorgang, bei dem bestimmte E
Ausgangsgrößen beabsichtigte Werte a
Arten der Steuerung:
a) zeitgeführte Ablaufsteuerung
b) prozessgeführte Ablaufsteuerung
c) kombinatorische Steuerung
Definition des Sollwerts: (nach DIN 1920
Der Wert, den eine Größe im betr. Zeitrau
Definition des Istwerts:
Der Wert, den eine Größe im betr. Zeitrau
Definition des Begriffs Größe:
Eigenschaft eines Vorgangs oder Körpers.

Der "Jazz" entstand aus der Begegnung zweier
Kulturen, der europäischen und der
afrikanischen, auf amerikanischen Boden.
Ausgangspunkt war die Stadt New Orleans
und ihr Vergnügungsviertel Storyville.
Jazz wurde nicht nur lokalen der Neger-
ghettos gesungen und gespielt, sondern
auch bei allen möglichen öffentlichen
Anlässen im Freien.

Mutation: sofortige Änderung des
Erbguts
Evolation allen
Mutation: Erbgut
Selektion: durch die sofortige Änderung
haben manche Lebewesen neue Eigenschaften
und sind in das Umgebung besser angepasst
als ihre Artgenossen.

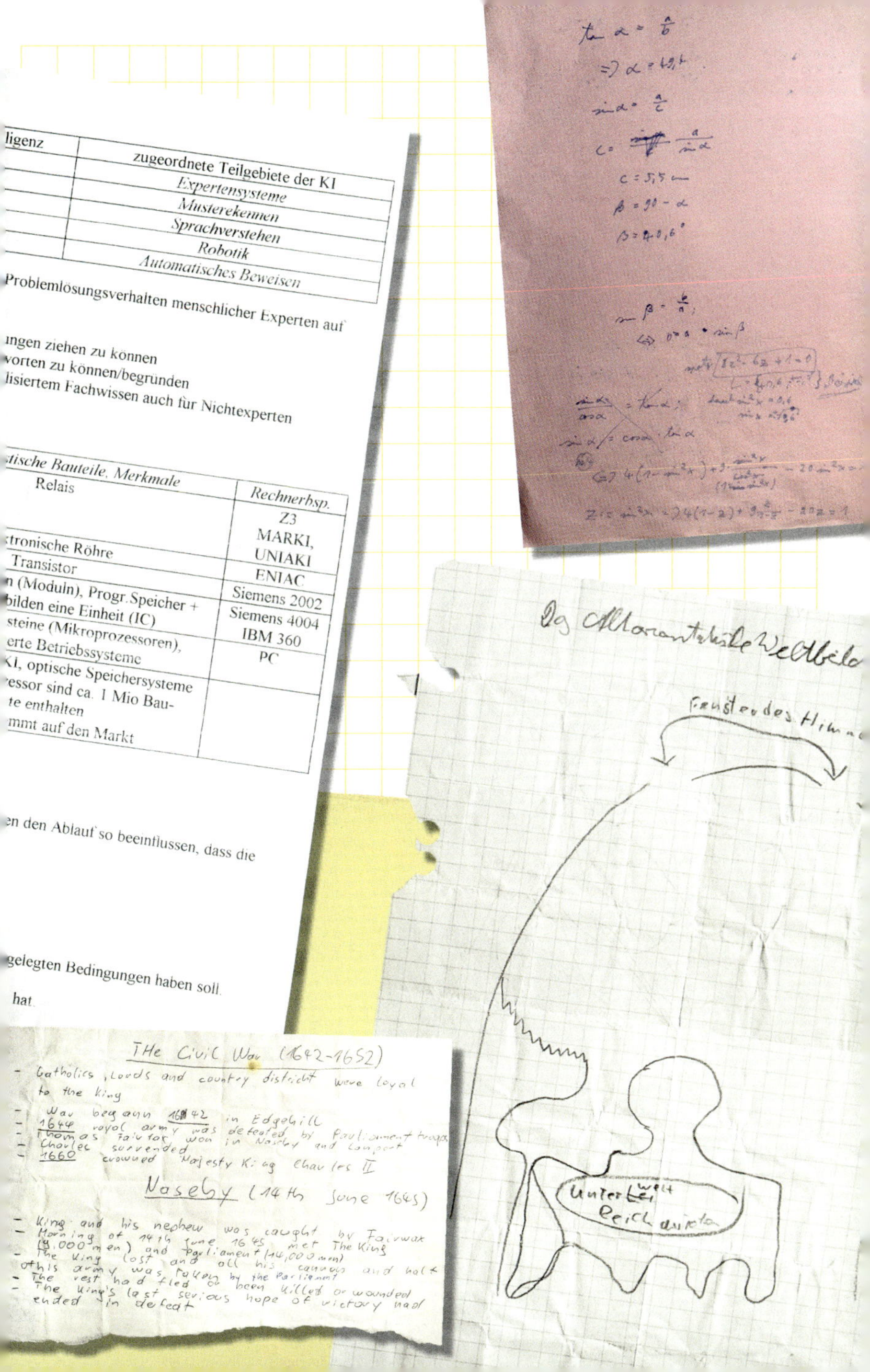

ligenz	zugeordnete Teilgebiete der KI
	Expertensysteme
	Mustererkennen
	Sprachverstehen
	Robotik
	Automatisches Beweisen

Problemlösungsverhalten menschlicher Experten auf

ngen ziehen zu können
worten zu können/begründen
lisiertem Fachwissen auch für Nichtexperten

tische Bauteile, Merkmale	Rechnerbsp.
Relais	Z3
tronische Röhre	MARK I, UNIAK I
Transistor	ENIAC
n (Moduln), Progr.Speicher +	Siemens 2002
bilden eine Einheit (IC)	Siemens 4004
steine (Mikroprozessoren),	IBM 360
erte Betriebssysteme	PC
KI, optische Speichersysteme	
essor sind ca. 1 Mio Bau-	
te enthalten	
mmt auf den Markt	

en den Ablauf so beeinflussen, dass die

gelegten Bedingungen haben soll.

hat.

THE Civil War (1642-1652)

- Catholics, Lords and country district were loyal to the king
- War began in 1642 in Edgehill
- 1644 royal army was defeated by Parliament troops
- Thomas Fairfax won in Naseby and Langport
- Charles surrendered
- 1660 crowned Majesty King Charles II

Naseby (14th June 1645)

- King and his nephew was caught by Fairfax
- Meeting of 14th June 1645, met The King (9,000 men) and Parliament (14,000 men)
- The King lost and all his cavalry and half of his army was taken by the Parliament
- The rest had fled or been killed or wounded
- The King's last serious hope of victory had ended in defeat

DEUTSCHLAND 1997

Die dreidimensionalen Spicker

Dominik, Jana und Niklas steigen nach Unterrichtsschluss gemeinsam in die S-Bahn. Sie kennen einander bereits seit der Grundschule. Nun besuchen sie zwar dieselbe weiterführende Schule, aber in verschiedenen Parallelklassen. Sie setzen sich in der Bahn auf benachbarte freie Plätze, und Niklas sagt: «Am ersten Schultag neulich bin ich ganz schön frustriert worden. Da hat mich doch der Falko im neuen Klassenzimmer von dem Platz in der letzten Tischreihe vertrieben. Er hat behauptet, das wäre seiner. Er hätte den abonniert. Es ist mir dann nichts anderes übriggeblieben, als mich ganz vorn hinzusetzen, direkt vor den Lehrertisch.»

«Das hast du so einfach mit dir machen lassen?», wundert sich Jana.

«Du hast leicht reden. Der Falko ist viel größer als ich und trainiert in einem Ringerverein.»

«Und euer Klassenlehrer hat nicht eingegriffen?», fragt Dominik. «Der überlässt alles dem freien Spiel der Kräfte», antwortet Niklas knapp. Dass er nach dieser Vertreibung – ohne dass es jemand mitbekommen hat – mit Tränen in den Augen auf die Toilette gegangen ist, kann man ihm jetzt nicht mehr anmerken.

«Ich finde, dass der Platz ganz vorne gar nicht so schlecht ist. Heute haben wir einen unangekündigten Test in Geschichte geschrieben. In weiser Voraussicht habe ich gestern Abend einen sehr schönen Spickzettel angefertigt, der mir aber während des Tests gefährlich lästig wurde. In einem geeigneten Augenblick konnte ich ihn entsorgen; ich habe ihn in die Erde der Zimmerpflanze gesteckt, die direkt vor mir auf dem Lehrertisch steht. Solche Möglichkeiten hast du eben nur, wenn du ganz vorne sitzt.»

«Okay. Das sehe ich auch so», meint Jana. «Wir haben in

Deutsch eine ganz spezielle Lehrerin, Frau Haas-Stadlinger, genannt Hasi. Deren Lieblingsaufenthaltsort ist in Höhe der zweiten Tischreihe. Der Oskar, der so wie du, Niklas, in der vorderen Tischreihe sitzt, macht hinter ihrem Rücken immer Grimassen und Faxen. Die Hasi weiß dann nie, warum wir so lachen müssen. Überhaupt ist der Oskar ein richtiges Multitalent. Er hat sogar eine sagenhafte Spickmethode entwickelt, die nur an seinem Platz, nämlich ganz vorn, funktioniert. Direkt vor ihm ist der Lehrertisch, und auf dem liegen die verschiedensten Sachen rum: das Klassenbuch, große Tafel-Zeichengeräte für Geometrie, meistens irgendwelche Fundsachen und auch eine weiße Pappschachtel mit Kreide für die Wandtafel. Vor der Erdkundearbeit vorgestern hat der Oskar diese Kreideschachtel auf der Rückseite mit einer Menge Daten beschrieben. So hat er bequem spicken können. Der Lehrer hat nichts gecheckt. Wenn die Lehrer auch nicht Ordnung halten auf dem Lehrertisch! Und wenn da zufällig Sachen über Geographie auf der Schachtel stehen, dann ist das ein Problem des Lehrers und nicht der Schüler.»

Dominik nickt anerkennend: «Für mich kommen neuerdings sowieso nur dreidimensionale Spicker in Frage. Beschriftete Gegenstände sind doch viel cooler als diese doofen Zettel. Es müssen natürlich unauffällige Sachen sein, Gegenstände, die in der Schule sowieso alltäglich vorkommen. Wie eben die Kreideschachtel vom Oskar.» Mit diesen Worten holt er eine Packung Füllerpatronen aus seinem Rucksack. «Was sagt ihr dazu?»

Beim näheren Hinsehen können Jana und Niklas die Beschriftung mit mathematischen Formeln erkennen.

«Aha! Ein dreidimensionaler Mathespicker», stellt Niklas fest. «Diese Methode lässt sich bestimmt noch ausbauen. Man müsste mal überlegen, welche Gegenstände sich da noch eignen könnten.»

Die kleinen grauen Zellen in Janas Kopf beginnen zu arbeiten: «Okay, da gibt's bestimmt eine Menge Möglichkeiten. Wie wäre es mit dem Federmäppchen, mit der Rückseite eines Lineals, mit dem Zirkelkasten, dem Radiergummi, der Pausenbrotverpackung ...?»

«Oder schlicht und einfach der Schreibfläche des Tisches!», ergänzt Dominik, als die Freunde aus der S-Bahn aussteigen. Plötzlich bleibt Jana ruckartig stehen: «Da fällt mir etwas ein, was zu unserem Thema gehört. Das muss ich euch noch schnell erzählen. Als meine Mama zur Schule ging, hatte sie eine Klassenkameradin, die ihre Schreibutensilien insbesondere bei Schulaufgaben in einem alten hölzernen Griffelkasten untergebracht hatte.»

«Griffelkasten? Noch nie gehört!», wundert sich Dominik. Jana klärt ihn auf: «Unsere Großelterngeneration hat das Schreiben noch mit Schiefertafel und Griffel gelernt. Und die zerbrechlichen Griffel sind in einem stabilen Behältnis aus Holz – dem Griffelkasten eben – aufbewahrt worden. Die Freundin meiner

Mama hatte ihren Griffelkasten von ihrem Vater vererbt bekommen. Sie hat ihn gerne bei schriftlichen Prüfungen eingesetzt, denn die Holzoberfläche ist ja zum Beschreiben mit allerhand Daten bestens geeignet.»

Die drei Freunde gehen lachend auseinander. Ihre Gedanken über raffinierte dreidimensionale Spickvarianten werden rasch von der Frage abgelöst, welche Köstlichkeiten sie wohl zu Hause am Mittagstisch erwarten.

Wer sich dazu entschließt, einen dreidimensionalen Spicker zu verwenden, also einen Gegenstand des schulischen Alltags mit prüfungsrelevanten Daten zu beschreiben, muss wohlüberlegt vorgehen. Bei der Auswahl eines geeigneten Gegenstands für das Projekt ist ein hohes Maß an Kreativität hilfreich. In der einschlägigen Literatur wird beispielsweise die Verwendung von Schokoladentafeln empfohlen – man könne die Daten mit der Zirkelspitze in die Schokolade ritzen. Falls die Prüfungsaufsicht Verdacht schöpft, solle man die Schokolade rasch mit dem warmen Finger glätten.

Von der Verwendung zugelassener Hilfsmittel als Spicker muss dringend abgeraten werden. Darunter fallen zum Beispiel zusätzliche handschriftliche Einträge in die mathematische Formelsammlung oder in das Rechtschreibwörterbuch. Viele Lehrkräfte legen bei schriftlichen Prüfungen Wert auf einen übersichtlichen Schülerarbeitsplatz, an dem nur unbedingt erforderliche Gegenstände zugelassen sind. In solchen Fällen funktioniert der Schokoladentrick schon mal nicht. Es ist auch zu bedenken, dass auf Gegenständen in aller Regel keine allzu großen Datenmengen Platz haben. Die Folge kann sein, dass jemand in der Prüfungssituation feststellt, dass der dreidimensionale Spicker gar nicht benötigt wird, weil er lediglich Daten enthält, die in der Aufgabenstellung überhaupt nicht gefordert werden. Nicht selten erkennt ein Prüfling auch, dass sein Wissen ausreicht und er deshalb auf unerlaubte Hilfe nicht angewiesen ist. Nun muss er sich des riskanten Gegenstands entledigen, und das ist häufig gar nicht so einfach; die Entsorgung eines dreidimensionalen Objekts ist oftmals schwieriger als die eines einfachen Zettels.

GESAMTBEURTEILUNG

Technische Herstellung: einfach bis mittelschwer (je nach gewähltem Gegenstand)
Zeitlicher Aufwand: erfordert eine gute Vorbereitung
Geistige Herausforderung: darf nicht unterschätzt werden, vor allem hinsichtlich der Abwägung von Risiko und möglichem Vorteil
Pädagogischer Wert: nicht völlig abzusprechen

Der
Mega-Spicker

Der Mathematik- und Informatiklehrer H. überquert während der großen Vormittagspause den Schulhof. Ein ihm unbekannter älterer Schüler löst sich aus dem Pulk der sich tummelnden Jugendlichen und kommt auf ihn zu: «Entschuldigen Sie, Herr H., kann ich Sie kurz sprechen?»

H. hält inne: «Ja, was kann ich für Sie tun?»

Der höfliche Schüler stellt sich zunächst vor: «Ich bin Simon Wotzke aus der 12. Klasse. Ich wollte Sie gerne etwas fragen, weil Sie doch der Spickerkönig sind!»

Lehrer H. ist wegen seines seltenen Hobbys bekannt. Er sammelt Erzeugnisse der schulischen Subkultur, also die phantasievollen Ergebnisse fachfremder, unerwünschter und zum Teil von der Schulordnung ausdrücklich verbotener Schülerbeschäftigung während des Unterrichts: Kritzeleien, Karikaturen, sonstige spontan entstandene Zeichnungen, farbige Muster, Briefchen der Klassenpost, dumme Sprüche über Schule, Lehrer, Mitschüler oder Gott und die Welt. Zu den Sammelobjekten gehören auch Spickzettel. H. entgegnet: «Also, der Titel Spickerkönig gefällt mir nicht.»

Darauf Simon: «Das ist ein Zitat. Sie sind in einer großen deutschen Tageszeitung so bezeichnet worden.»

«Wie dem auch sei», knurrt H., «worum geht es?»

«Ich wollte Sie als Experten fragen, wie Sie den Spickfall einschätzen, der sich vor ein paar Jahren in einer süddeutschen Großstadt ereignet hat. Darüber ist gestern im Fernsehen berichtet worden. Und zwar hatte ein Abiturient zu seiner Unterstützung bei der Abiturprüfung ein ganzes Team gegen Bezahlung engagiert: einige Funk- und Elektronikspezialisten und für jeden Prüfungsgegenstand einen Fachmann. Das hat dann so funktioniert: Der Abiturient zog zur Prüfung eine Lederjacke an, in deren einem Ärmel eine Mini-Fernsehkamera versteckt war. Damit hat er während der Prüfung die jeweilige Aufgabenstellung abgelichtet. Diese Bilder sind per Funk zu einem Kleinbus gesendet worden, der unweit der Schule abgestellt war. Das Unterstützerteam hat die Aufgaben bearbeitet und jeweils die Lösung über Sprechfunk an den Prüfling übermittelt. Der hatte – wegen seiner Frisur für die Prüfungsaufsicht unsichtbar – einen kleinen Kopfhörer im Ohr. Er hat nur noch niederschreiben brauchen, was ihm der Experte über Funk diktiert hat. Ich finde, dass die Methode perfekt ist. Vielleicht werden künftig Spickzettel überflüssig!»

Aus den Lautsprechern schallt der Gong, der das Ende der Pause ankündigt.

«Also, ich hab jetzt eine Freistunde», sagt der Schüler zum Spickerexperten. Dieser erwidert: «Ich dachte, Sie wollten mich nur kurz sprechen. Aber Sie haben Glück. Dank der überragenden Fähigkeiten unserer Stundenplanmacher habe ich jetzt sogar zwei Zwischenstunden.»

Während sich der Schulhof leert, drehen die beiden eine Runde. Der Lehrer fährt fort: «Lieber Herr Wotzke, ich habe von dem Fall auch gehört. Und ich weiß, dass diese Täuschung aufgeflogen ist. Der Abiturient hatte damit die gesamte Prüfung nicht bestanden. So perfekt kann diese Methode auch wieder nicht sein.»

Simon Wotzke protestiert: «Nur durch Verrat ist die Aktion danebengegangen!»

H. klärt ihn auf: «Das ist ja völlig normal! Bei der Sache waren rund ein Dutzend Leute beteiligt und damit allesamt Mitwisser. Schon den Achtklässern bringe ich in Informatik bei, dass ein Sachverhalt, über den sieben Personen informiert sind, als veröffentlicht gelten kann. Das ist allerdings ein Durchschnittswert. Es gibt Fälle, da reicht bereits ein einziger Mitwisser aus, damit alle Welt erfährt, was eigentlich geheim bleiben soll. Und in anderen Fällen halten 16 Personen dicht, und die Information bleibt vertraulich. Außerdem dürfte diese Methode der illegalen Datenbeschaffung ausgesprochen störanfällig sein. Bei einer derartigen elektronischen Hochrüstung, einschließlich des Einsatzes eines Spezialfahrzeugs, braucht nur eine der Komponenten auszufallen oder gestört zu sein, schon bricht die ganze sorgfältig geplante Aktion wie ein Kartenhaus zusammen. Das Gleiche passiert, wenn einer der Techniker beim Handling einen Fehler macht. Es gibt noch einen – und zwar entscheidenden – Grund dafür, dass die Spickmethode durch Datenaustausch per Sprech- und TV-Funk nicht Standard werden kann: Sie ist zu teuer! Wer kann sich denn so etwas leisten? Es müssen Mitarbeiter entlohnt werden. Ein Spezialfahrzeug muss gekauft oder angemietet werden. Die technische Ausstattung muss beschafft werden. Der junge Mann, der es seinerzeit probiert hat, war meines Wissens ein Industriellensohn. Er hatte von seinem Vater für die Vorlage seines Abiturzeugnisses ein Haus und einen Sportwagen versprochen bekommen. Da eine derart lukrative Entlohnung in Aussicht gestanden hat, mag es für ihn logisch und sinnvoll erschienen sein, sicherheitshalber noch kräftig zu investieren. Lieber Herr Wotzke, ich sollte Ihnen ja als angeblicher Experte meine Einschätzung des Falles mitteilen. Die dürfte klar geworden sein: Als technisch aufgeschlossene, aber unbeteiligte Beobachter können wir über dieses zweifelsohne interessante und kreative Experiment zur Datenbeschaffung bei Prüfungen vortrefflich und anregend debattieren. Für alle direkt oder indirekt Betroffenen jedoch, den Prüfling und seine Familie, die anderen Abiturienten im Prüfungsraum, die aufsichtführenden Lehrkräfte, die Schulleitung, den Prüfungsausschuss der Schule, die angeblichen Freunde im Spezialfahrzeug, war die Aufdeckung und Aufarbeitung des Falles unerfreulich und belastend. Darüber, ob neben den Verstößen gegen die Schulordnung auch noch allgemein gegen geltendes Recht gehandelt worden ist, will ich gar nicht erst nachdenken. Meine Gesamteinschätzung: nicht empfehlenswert.»

Die beiden Gesprächspartner umrunden den Schulhof schon zum dritten Mal. Oberstufenschüler Simon gibt noch nicht auf: «Aber heutzutage ist Funksprechverkehr viel leichter möglich. Ein Handy hat doch jeder.»

H. schüttelt den Kopf: «Wie soll das denn klappen? Es würde sofort auffallen, wenn Sie im Prüfungsraum telefonieren wollten! Allenfalls würde es mit einer SMS funktionieren. Damit sich auf diese Weise niemand selbst ins Unglück stürzt, müssen zu Beginn einer jeden schriftlichen Prüfung alle Mobiltelefone bei der Lehrkraft abgegeben werden.»

Simon lässt nicht locker: «Wie wäre es, wenn ich da das kaputte Handy meiner Schwester beim Lehrer abgebe, damit der

zufrieden ist, und mein eigenes Handy vorher in der Toilette verstecke?»

H. gibt zu: «Da sehe ich zumindest eine theoretische Möglichkeit. Aber der Trick ist bekannt. Er wird bei Prüfungen mit langen Arbeitszeiten, zum Beispiel beim Abitur, immer wieder einmal versucht. Zu allen Zeiten wurden Nachschlagewerke und andere Arbeitshilfen vor Beginn von Prüfungen in Toiletten deponiert. Jetzt kommen eben die Handys noch dazu. Es gehört zu den Aufgaben der Gangaufsichten im Prüfungsbereich, entsprechende Kontrollen durchzuführen und die deponierten illegalen Hilfsmittel aus ihren Verstecken zu holen. Sie, lieber Herr Wotzke, müssten also mit dem Verlust Ihres Handys rechnen, denn ich gehe davon aus, dass Sie gegebenenfalls nicht unbedingt offenbaren würden, dass es Ihr Mobiltelefon ist, falls es in der Toilette aus dem Versteck geholt werden würde. Sie wissen ja, welche Konsequenzen das Bereithalten unerlaubter Hilfsmittel hätte.»

Simon resigniert: «Ich sehe schon, dass Sie von elektronischen Hilfen zur Datenbeschaffung bei schriftlichen Prüfungen nicht viel halten. Mir scheint, Sie sind ein Fan der guten, alten, klassischen Spickzettel. Aber würden Sie diesem Objekt hier eine gewisse Chance einräumen?» Mit diesen Worten zieht der Schüler aus seiner Jackentasche vorsichtig einen bunten Papierstreifen, der von einer Klarsichtfolie geschützt wird.

H. wirft einen Blick darauf. «Das ist das Etikett einer Limonadenflasche. Na und?»

«Schauen Sie bitte genau hin!», fordert ihn Simon eindringlich auf. Die beiden haben ihren Schulhof-Rundgang längst unterbrochen. Erst nach einer Weile versteht der Spickerexperte: «Donnerwetter! Das ist ja der Hammer! Das ist das Schärfste, was ich je gesehen habe!»

Was ist der Grund für die begeisterten Ausrufe? An einer bestimmten Stelle des Flaschenetiketts ist normalerweise folgender Text zu lesen: Erfrischungsgetränk mit Orangengeschmack /

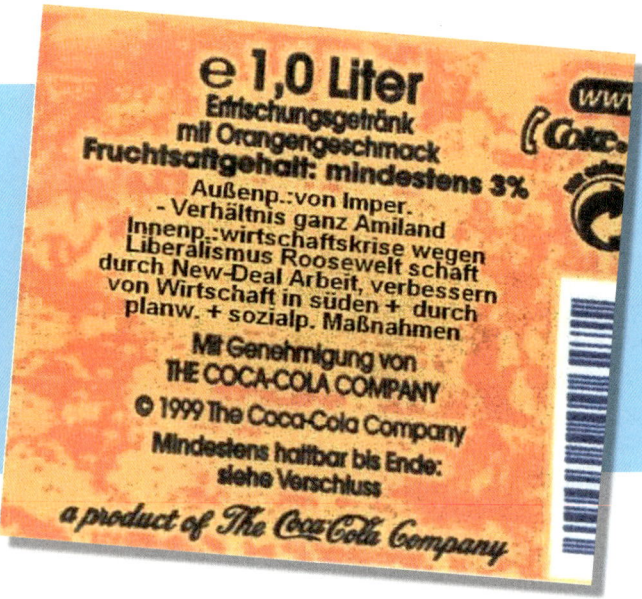

Zutaten: Wasser, Zucker, Orangensaft aus Orangensaftkonzentrat, Stabilisator Johannisbrotkernmehl, Farbstoff Carotine.

Was aber steht auf dem Etikett, das Simon Wotzke geradezu liebevoll in der Hand hält? Dort prangen die Worte:

Außenp.: von Imper. – Verhältnis ganz Amiland / Innenp.: wirtschaftskrise wegen Liberalismus / Roosewelt schafft durch New-Deal Arbeit, verbessern von Wirtschaft in süden + durch planw. + sozialp. Maßnahmen.

H. stellt anerkennend und respektvoll fest: «Das ist ein Spicker zur Geschichte der USA. Wo haben Sie denn dieses Kunstwerk her?» Simon gesteht: «Das stammt aus meiner eigenen Alchemistenküche. Ich habe eine Limoflasche in ein Wasserbad gelegt, dadurch hat sich das Etikett abgelöst, das ich danach habe trocknen lassen. Als Nächstes habe ich das Etikett eingescannt, mit dem PC bearbeitet und das Ergebnis mit dem Farbdrucker ausgedruckt. Jetzt könnte man das neue Etikett auf die Limoflasche kleben – an der richtigen Stelle, versteht sich. Meinen Sie, dass das zum Beispiel bei einem unangekündigten Test funktionieren würde? Ihre Meinung dazu zu hören, ist der eigentliche Grund, warum ich Sie sprechen wollte.»

Spickersammler H. ist nach wie vor begeistert: «Und ob das funktioniert! Für mich ist das, was Sie gestaltet haben, der Spicker schlechthin, der Mega-Spicker! Die meisten Lehrer und Lehrerinnen sind damit einverstanden, dass Schüler bei Prüfungen eine Getränkeflasche auf dem Tisch stehen haben. Insbesondere, wenn sie vorher mit treuherzigem Blick um Erlaubnis gefragt wurden.»

Der Schüler ist erfreut und erleichtert: «Dass Sie als Experte meinen Spicker so positiv bewerten, macht mich stolz und zufrieden! Ich schenke Ihnen den für Ihre Sammlung.»

Lehrer H. ist gerührt und überrascht zugleich: «Vielen, vielen

Der Autor mit Limonadenflasche im historischen Klassenzimmer des Schulmuseums in Nürnberg.

herzlichen Dank! Ob der schöne Spicker schon im Einsatz war, frage ich Sie ausdrücklich nicht!»

H. ist davon überzeugt, dass der Limoflaschen-Spicker eine herausragende Attraktion innerhalb seiner Spickersammlung sein wird. «Und wenn ich pensioniert werde und genügend Zeit habe, um ein Buch über schulische Subkultur zu schreiben, werde ich diesem Mega-Spicker ein eigenes Kapitel widmen!»

Es kommt nicht oft vor, dass sich auf dem Gebiet des Spicker-(Un)wesens etwas wirklich Neues ereignet. Das manipulierte Flaschenetikett war tatsächlich völlig neuartig. Es verdient deshalb zu Recht die Bezeichnung Mega-Spicker. Partiell weist der Mega-Spicker sowohl gewisse Eigenschaften des klassischen als auch des gebastelten, des dreidimensionalen und des IT-Spickers auf. Er repräsentiert aber dennoch einen eigenständigen Typ.

Die Idee, ein Flaschenetikett zu manipulieren, ist nahezu genial, vor allem, weil die Flasche völlig harmlos und unverdächtig am Schülerarbeitsplatz stehen kann – vorausgesetzt, die Lehrkraft duldet das Bereithalten von Getränken. Der zeitliche Aufwand, um ein solch täuschend echt aussehendes Etikett herzustellen, ist enorm hoch. Wenn nur ein Bruchteil der dafür benötigten Zeit in Lernen investiert würde, wäre das Ergebnis der entsprechenden schriftlichen Prüfung genauso gut oder sogar besser. Liegt das Etikett aber einmal als Datei vor, kommt man bei zukünftigen Anwendungen mit weniger Zeit aus.

Es ist davon auszugehen, dass für junge Menschen das eigentlich Interessante bei der Herstellung von manipulierten Etiketten nicht die Möglichkeit ist, nahezu gefahrlos prüfungsrelevante Daten bereitzuhalten. Das wirklich Spannende für den jugendlichen Produzenten eines Mega-Spickers ist die technische, intellektuelle und eventuell auch künstlerische Herausforderung. Ob das manipulierte Etikett dann auf die Flasche geklebt wird und als Spicker zum Einsatz kommt, ist (fast) zweitrangig.

GESAMTBEURTEILUNG

Technische Herstellung: sehr anspruchsvoll; ein leistungsfähiger PC mit Drucker muss zur Verfügung stehen, und gute Kenntnisse im Umgang mit Standard-Software sind erforderlich

Zeitlicher Aufwand: bei der Erstherstellung des Etiketts enorm; er steht zunächst in keinem vernünftigen Verhältnis zum erzielbaren Effekt und wird erst bei wiederholter Anwendung der Methode geringer

Geistige Herausforderung: beachtenswert

Pädagogisch sehr wertvoll

Der meist-fotografierte Spickzettel

Im erstem Obergeschoss des Schulhauses einer süddeutschen Großstadt spielt die kleine Band gerade ihr letztes Stück. Es soll den Schlusspunkt der kurzen Eröffnungsveranstaltung zur Ausstellung «So kritzeln Mädchen, so spicken Jungs» bilden. Ein Lehrer der Schule hat wieder einmal vier Jahre lang gesammelt, was seine kreativen Schülerinnen und Schüler so nebenbei im Unterricht angefertigt und liegengelassen haben: lauter Kunstwerke, die von der Schulordnung nicht vorgesehen waren, nämlich Kritzeleien, Brieschen, Karikaturen, Modeskizzen, Sprüche und Spickzettel. Der Lehrer und Sammler hat diese Zeugnisse schulischer Untergrund-Kultur zu einem Gesamtkunstwerk zusammengestellt und sie am Nachmittag des Vortages mit einem Helferteam auf drei Ebenen des Schulhauses an die Ausstellungswände geheftet. Durch eine Pressemitteilung sind Medienvertreter zu der Ausstellungseröffnung eingeladen worden, und tatsächlich erscheinen viele schreibende und fotografierende Journalisten, mehrere Radioreporter und fünf Fernsehteams. Auch zwei Klassen der Schule dürfen an der kleinen Feier teilnehmen. Der Schulleiter und der Initiator der Ausstellung sprechen einige erhellende und geistreiche Sätze, und danach wird die große schwarze Plastikplane, die zunächst den Blick auf die spektakulärsten Objekte der Ausstellung verwehrte, von zwei Achtklässlerinnen feierlich entfernt. Die Eröffnungsfeier endet mit dem Beginn der Vormittagspause. Aus allen Richtungen strömen Kinder und Jugendliche herbei, denen zahlreiche Mikrophone entgegengehalten werden. Auch der Ausstellungsinitiator gibt etliche Interviews, bevor er im Klassenzimmer Nr. 111 verschwindet, in dem im Anschluss eine Pressekonferenz stattfindet. Ein knappes Dutzend Medienmenschen folgt der Einladung. Sie begutachten die auf Stellwänden präsentierten Dokumente, und der Ausstellungsorganisator erläutert den

Einfluss von Zeitgeist und Lebensgefühl junger Menschen auf die Kritzeleien und Löschblatt-Zeichnungen. Er zeigt auch, wie sich Welt- und Tagespolitik in den Karikaturen, Kritzeleien und Sprüchen niederschlagen. Als er die unterschiedlichen Spickzettel-Typen charakterisiert, bleibt ein Mitarbeiter einer großen deutschen Zeitung unmittelbar vor einer der Stellwände stehen. «Ich fasse es nicht! Die Zehn Gebote auf einem Spickzettel!», ruft er überrascht. «Nicht größer als eine Briefmarke!»

Der Ausstellungsmacher geht gerne und schmunzelnd auf den Zwischenruf ein: «Ja! Diesen Spickzettel-Klassiker habe ich absichtlich bei dieser Pressekonferenz präsentiert, weil er wichtige Informationen für Journalisten enthält: ‹Du sollst nicht stehlen, auch Texte anderer Autoren nicht!› Oder: ‹Du sollst nicht falsch Zeugnis reden.› Ich finde, das ist eine deutliche und entscheidende Handlungsanweisung für Medienleute. Ist der sogenannte investigative Journalismus überhaupt mit diesem Gebot vereinbar?»

Ein Reporter wirft ein: «Ich habe im Internet recherchiert. Dabei habe ich den Zehn-Gebote-Spicker nicht nur abgebildet gesehen, sondern auch gelesen, dass er der meistfotografierte

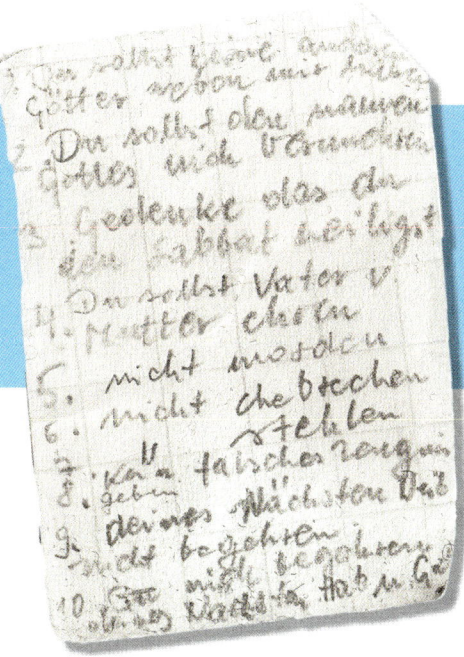

Spicker der Welt ist. Trifft das wirklich zu? Und was ist die Ursache?»

Darauf der Sammler: «Der Spickzettel ist tatsächlich schon sehr oft fotografiert und gefilmt worden. Es ist gut vorstellbar, dass dies einem anderen Spicker in dem Ausmaß noch nicht passiert ist. Übrigens ist mir von einem Kunstsammler eine vierstellige Summe dafür geboten worden, dass ich ihm den Zettel übereigne. Wie Sie sehen, habe ich mich nicht von ihm trennen können. Irgendwas muss dran sein an diesem Spickzettel. Vielleicht haben Sie eine Idee, was das sein könnte?»

Die junge Mitarbeiterin einer Presseagentur beteiligt sich nun am Gespräch: «Ich kann das bestätigen. Als meine Agentur vor vier Jahren anlässlich Ihrer letzten Ausstellung einen Text und mehrere Bilder angeboten hatte, wurde das Bild mit diesem Spickzettel am häufigsten angefordert, und zwar auch von überregionalen Tages- und Wochenzeitungen. Und nun lassen Sie mich einmal – mit aller Vorsicht – meine Vermutung über den Zauber äußern, der offensichtlich von diesen paar Quadratzentimetern Papier ausgeht: Im 20. Jahrhundert wurde zweifelsohne das 5. Gebot vielfach außer Kraft gesetzt. Zu Beginn des 21. Jahrhunderts sind, wenn ich mich nicht irre, die Gebote Nummer 6, 9 und 10 sehr gefährdet. Die neuen Gebote, die den Menschen durch den Zeitgeist ersatzweise angeboten werden, heißen: Du sollst nur an dich denken; wenn das jeder macht, ist für alle gesorgt, du sollst deine Mitmenschen so lange belügen und täuschen, bis sich alles wieder eingerenkt hat. Und du sollst geizig sein. Wenn ich diesen Spickzettel ansehe, bekomme ich gewissermaßen Heimweh nach dem unverfälschten Original. Möglicherweise geht es anderen Menschen auch so ähnlich wie mir.»

Die Tür von Raum 111 öffnet sich, und herein kommt, von der Schulsekretärin geleitet, eine dreiköpfige Gruppe, die aus Berlin angereist ist. Der Lehrer hat ganz vergessen, dass sich unabhängig von der Ausstellungseröffnung ein russisches Fernsehteam angesagt hat, das einen Beitrag für einen TV-Film liefern soll, der in Russland am 5. Oktober, dem Weltlehrertag, gesendet werden würde. Der Ausstellungsinitiator informiert die Anwesenden, nicht ohne sein Bedauern darüber anzufügen, dass der Internationale Lehrertag (jährlich am 5. Oktober) in Deutschland kaum Beachtung findet. Die Journalisten haben anscheinend genügend Zeit mitgebracht und beobachten das Fernsehteam bei seiner Arbeit. Einer der Herren spricht sehr gut Deutsch, nennt sich Geschäftsführer und übersetzt die Fragen, die der Regisseur dem Lehrer und Sammler auf Russisch oder

Englisch stellt. Relativ schnell hat das russische Team genügend Bilder und O-Töne zusammen, und der deutsche Reporter sagt zum Geschäftsführer: «Sie sollten noch diesen Spickzettel filmen, die Zehn Gebote.»

«Pah!», antwortet der Geschäftsführer und macht eine wegwerfende Handbewegung.

«Aber es ist der meistfotografierte Spickzettel der Welt!», kontert der Reporter.

«Ah!», ruft der Geschäftsführer nun und gibt seinem Kameramann ein Zeichen. Während dieser, wortreich angewiesen, den Spickzettel intensiv aus verschiedenen Perspektiven filmt, wendet sich der Geschäftsführer an die Anwesenden: «Die Zehn Gebote, ist das etwas Neues?»

«Oh, nein!», antwortet die junge Journalistin. «Die gibt es schon seit ein paar tausend Jahren.»

Der Russe staunt: «Dann müssen die aber wesentlich besser sein als die zehn Gebote der sozialistischen Moral in der ehemaligen DDR. Die kennt keiner mehr. Seinerzeit habe ich darüber einmal einen Beitrag für das sowjetische Fernsehen zusammenstellen müssen. Deshalb fallen mir jetzt auch nur noch zwei Gebote der sozialistischen Moral ein. Das 6. Gebot: Du sollst das Volkseigentum schützen und mehren. Und das 8. Gebot: Du sollst deine Kinder im Geiste des Friedens und des Sozialismus zu allseitig gebildeten, charakterfesten und körperlich gestählten Menschen erziehen.»

Die an der Pressekonferenz Teilnehmenden schauen einander an. Dann richten sie ihren Blick noch einmal mit Respekt auf den Spickzettel.

Er hat die Abmessungen einer Sonderbriefmarke, ist so breit wie der Durchmesser einer Zwei-Euro-Münze: der Spickzettel mit den Zehn Geboten. Eigentlich gehört er zum guten, alten, klassischen Spickzettel-Typ. Was ihn so besonders macht, ist die Faszination, die offensichtlich von ihm ausgeht, der Respekt, mit dem er andächtig betrachtet wird. Eine Folge davon ist die starke Beachtung in den Medien. Diese Aufmerksamkeit begann bereits im Jahr 1987 und hält bis heute an; zuletzt sind die Online-Dienste verschiedener Medienhäuser hinzugekommen. Wie ist dieses Phänomen zu erklären? Sind es die Glaubwürdigkeitsprobleme in der Politik, aber auch in der Wirtschaft und auf den Finanzmärkten, die den Bedarf an Werteorientierung bei den Menschen wachsen lassen? Nachdenkliche Zeitgenossen glauben immer weniger an die Selbstheilungskräfte der Systeme. So ist ihnen insbesondere die kybernetische Sichtweise des sich selbst regulierenden Marktes höchst suspekt geworden. Angesichts der gesellschaftlichen Entwicklungen in Europa und angesichts der globalen Herausforderungen auf politischem und wirtschaftlichem Gebiet, aber auch in den Bereichen Energie und Klima, haben viele den beängstigenden Eindruck, dass wir uns – bildlich gesehen – auf einem Transatlantikflug befinden, in einem Jet, dessen Cockpit nicht besetzt ist. Die Menschen, die immer häufiger die Erfahrung machen, dass die vielgepriesenen neuen Instrumente eben nicht alles regeln oder sogar total versagen, sehnen sich nach vorgegebenen, von einer vertrauenswürdigen und kompetenten Instanz gesetzten Regeln. Die Zehn Gebote sind ein solches Regelwerk. Sie sind klar und verständlich, im öffentlichen wie im privaten Bereich gleichermaßen anwendbar. Sie haben die Qualität, Leitlinien und Normen aufzuzeigen für Wirtschaft, Gesellschaft, Politik und für das persönliche Tun und Lassen des Einzelnen. Sind solche Regeln nicht besser als die

Vorstellung vom leeren Cockpit? Schließlich hat dieses Regelwerk Jahrtausende überdauert und dabei nicht an Aktualität verloren. Das Rechtsverständnis und das Rechtssystem vieler Staaten basieren auf dem Regelwerk der Zehn Gebote. Dieser Erklärungsversuch unterstellt also, dass bei vielen Zeitgenossen eine Sehnsucht nach verlässlichen Regeln, nach Schutz, nach Werten, nach Orientierung zumindest latent vorhanden ist. Möglicherweise provoziert dieser Spickzettel auch umso mehr die Aufmerksamkeit des Betrachters, als ihm hier die Zehn Gebote als Zeugnis einer – mit dem Geist der Gebote eben nicht zu vereinbarenden – Täuschungshandlung entgegentreten.

Statt eines
Nachworts:
Zwei Briefe
des Autors

Lieber Tobias,

vielen Dank für die elektronische Post, die du kurz vor Beginn der Ferien meiner schulischen E-Mail-Adresse hast zukommen lassen. Du wolltest meine Meinung zu den Ordnungsmaßnahmen erfahren, die eure Lehrer nach den Spickvorfällen in deiner Klasse ergriffen haben. Wie du weißt, bin ich während der Ferien zu Hause total offline. Deshalb schreibe ich dir einen ganz herkömmlichen Brief. Du willst von mir außerdem wissen, ob ich als Schüler gespickt hätte. Mit der Beantwortung dieser Frage fange ich mal an. Hoffentlich nimmst du's mir ab, dass ich ein ganz braver Schüler gewesen bin, der maximal in einem einzigen Fall eine Täuschungshandlung begangen hat. Und das kam so: Es muss in der dritten oder vierten Gymnasialklasse gewesen sein (7. oder 8. Jahrgangsstufe). Ich war also seinerzeit ungefähr so alt wie du jetzt. Im Gegensatz zu dir war ich in diesem Alter klein und mickrig. Oder anders ausgedrückt: Ich war keines der Alphatiere der Klasse. Deshalb bekam ich im Klassenzimmer und in den Fachräumen immer die schlechtesten Sitzplätze, nämlich ganz vorn, jeweils in der ersten Tischreihe (lieber Tobi, ist das bei euch auch noch so?). Eines Tages mussten wir eine Arbeit im Fach Biologie schreiben. Wenn ich mich recht erinnere, hatten wir in der vorhergehenden Unterrichtsstunde den Mittelfußknochen der Maus (oder etwas ähnlich Spannendes) durchgenommen. Unser Biolehrer war ein sehr beleibter Herr. Er hatte die Angewohnheit, bei schriftlichen Arbeiten ständig an einem bestimmten Ort zu verharren und die über den Aufgaben brütende Klasse scharf zu beobachten. Der Ort, den er während der Prüfung nicht verließ, war unmittelbar vor mir. Dabei ragte sein Bauch ein gutes Stück über meine Tischplatte. Ich hatte mir nun gedacht, dass es eine äußerst kreative Vorgehensweise wäre, bei der Bioarbeit eine Arbeitshilfe direkt vor mir unter dem Bauch des Lehrers zu positionieren. So machte ich es dann auch! Oder doch nicht? Ich weiß es wirklich nicht mehr, ob ich es getan habe. Jedenfalls erzählte ich anschließend meinen Klassenkameraden, ich hätte es so gemacht. Was ich erhofft hatte, trat ein: Mein Ansehen in der Klasse erhielt einen Schub nach oben. Eine solch kaltschnäuzige Spickmethode hatten mir die wenigsten zugetraut. Im Rückblick muss ich feststellen: Entweder habe ich seinerzeit meinen Biolehrer getäuscht oder meine Mitschüler. Eine Täuschungshandlung war es dann wohl.

Jetzt fällt mir noch ein zweiter Vorfall ein, der mit der Thematik etwas zu tun haben könnte. Das war ein paar Jahre später. Es begann für mich die Oberstufe des Gymnasiums, und krankheitsbedingt waren mir zu Beginn des Schuljahres ungefähr zwei Monate Unterricht entgangen. Beim Wiedereinstieg hatte ich hart zu arbeiten, um das Versäumte in Deutsch, Mathematik, Physik, Chemie, Englisch und Französisch nachzuholen. Da blieb natürlich kaum Zeit für Fächer wie Geschichte. Aber auch im Fach Geschichte wurde alsbald eine Arbeit geschrieben. Wieder einmal saß ich in der ersten Tischreihe (nur da hatte es bei meinem verspäteten Auftauchen in der Klasse noch einen freien Platz gegeben). Während die Geschichtsarbeit begann, thronte der Lehrer unmittelbar vor mir am Lehrertisch, der obendrein noch auf einem Podest stand. So bekam mein Geschichtslehrer von seiner erhöhten Warte schnell mit, dass ich nichts zu Papier bringen konnte. Diesen Lehrer hatten wir auch in Deutsch. Zudem war er unser Klassenleiter, der uns ziemlich gut kannte. Offensichtlich wusste er auch, dass ich zu dieser Zeit überfordert war. Deshalb tat er etwas, was mir unvergesslich bleibt: Er stützte seinen Kopf in die rechte Hand und drehte sich um 90

Grad. So hatte er selbst dafür gesorgt, dass ich mich nicht mehr in seinem Blickfeld befand. Ich flüsterte meinem Tischnachbarn zu: «Jetzt hat er sich rumgedreht, damit ich bei dir abschreiben kann.» Der Lehrer raunte hinter vorgehaltener Hand, nur für uns beide am ersten Tisch hörbar: «Hessenauer, sind S' ruhig!» Für die Geschichtsarbeit bekam ich eine 3, obwohl ich so viel Sinnvolles auf dem Blatt stehen hatte, dass es – wie bei meinem Tischnachbarn – auch für eine 1 hätte reichen können. Natürlich beschwerte ich mich nicht, denn ich war über diese Begebenheit und mit ihrem Ausgang zufrieden und dafür dankbar. Lieber Tobi, denkst du, dass bei dieser Geschichte eine der beteiligten Personen eine Täuschungshandlung begangen hat? Was mir seinerzeit wichtig geworden ist und was ich auch als Lehrer umzusetzen versuche, ist die Tatsache, dass durch gegenseitiges Wohlwollen vieles leichter, unkomplizierter und sogar gerechter wird. Dir und deinen Klassenkameraden rate ich, dass ihr im neuen Schuljahr mehr gegenseitiges Wohlwollen pflegt, auch euren Lehrern gegenüber. Dieser Gesichtspunkt spielt für mich eine wesentliche Rolle, wenn ich jetzt auf deine andere Frage bezüglich der Spickvorfälle in deiner Klasse eingehe: Aufgrund deiner Schilderung kann und muss ich feststellen, dass eure Lehrer völlig korrekt, gemäß der bei euch geltenden Schulordnung, gehandelt haben. Es stellt sich aber die Frage, wie es dazu kommen konnte, dass ein so massives Eingreifen der Lehrer mit Verhängung von Ordnungsmaßnahmen erforderlich wurde. Du weißt ja, dass Spicken verboten ist. Mit erhobenem moralischem Zeigefinger könnte ich von Betrug, Diebstahl geistigen Eigentums von Mitschülern, mangelndem beruflichem Engagement als Schüler, Irreführung, Wettbewerbsverzerrung und so weiter reden. Das sind Begriffe, über deren Bedeutung im Zusammenhang mit dem Spicken du ja sicher schon nachgedacht hast. Auch ist Spicken keinesfalls ein edler Wettbewerb, bei dem Schüler und Lehrer gegeneinander antreten, um zu ermitteln, wer der Bessere ist. Normalerweise ziehen nämlich Schülerinnen und Schüler immer den Kürzeren. Deshalb ist das Spicken weder sportlich noch fair. Wenn das Lehrer-Schüler-Verhältnis durch gegenseitiges Wohlwollen (auf diesen Begriff komme ich jetzt zurück!) geprägt ist, werden Schüler ihren Lehrer oder ihre Lehrerin nicht durch Spicken in die Situation bringen, dass die Lehrkraft entweder gegen die illegalen Machenschaften vorgehen oder sich andernfalls blind und taub stellen muss. Gegen das bloße Spickzettel-Schreiben ist nichts einzuwenden, denn wer sich in aller Ruhe den Prüfungsstoff erarbeitet und ihn dann in komprimierter und strukturierter Form zu Papier bringt, hat sich bestens auf die Prüfung vorbereitet. Er darf nur nicht den Fehler begehen, diesen Spickzettel zur schriftlichen Arbeit mitzubringen. Eine weitere Möglichkeit, Spickzettel in der Schule legal einzusetzen, hast du bei Referaten und Präsentationen. Dein Vortrag kommt umso besser an, je freier du sprichst. Es ist also viel wirkungsvoller, wenn du beim Sprechen nur von Zeit zu Zeit auf den lediglich mit Stichworten versehenen Spickzettel blickst. Wenn deine Augen ständig auf die Blätter mit dem ausformulierten Text gerichtet bleiben, ist eine gegebenenfalls auch nur nonverbale Kommunikation mit den Zuhörern kaum möglich. Im privaten Bereich gibt es ebenso ausgezeichnete Einsatzmöglichkeiten für den legalen Spickzettel. So gehe ich zum Beispiel nie ohne Spickzettel zum Einkaufen. Auf diese Weise bringe ich meistens das Richtige mit nach Hause. Auch wird durch so einen Spicker die Versuchung verringert, etwas zu kaufen, was nicht wirklich benötigt wird. Auf meinem Schreibtisch liegt mein Dauer-Spickzettel für Erledigungen. Das ist stets eine sehr lange Liste. Wenn mir durch deine Tante oder durch mich selbst ein neuer Arbeitsauftrag erteilt wird, verlängert sich die Liste jeweils um eine Zeile. Nach Erledigung eines Postens streiche ich die entsprechende Zeile mit Rotstift durch. Jetzt gerade streiche ich zum Beispiel die Zeile «Brief an Tobi wg. Spicken» durch. Lieber Tobias, du siehst also, wie mannigfach das wirklich empfehlenswerte und hilfreiche Spickzettel-Prinzip in vielen Lebensbereichen völlig legal angewendet werden kann! Noch schöne, erholsame Ferien und danach zahlreiche gute Erfahrungen im neuen Schuljahr wünscht dir

dein Patenonkel G.!

BRIEF EINES ERFAHRENEN LEHRERS AN EINE JUNGE KOLLEGIN

Liebe Frau Kollegin,

während des Telefonats, das wir kürzlich miteinander führten, erwähnten Sie, dass Sie sich unsicher fühlen, wenn Sie bei einer schriftlichen Leistungsfeststellung einen Prüfling beim Spicken erwischen. Sie sagten auch, dass Sie insbesondere über eine Entscheidung, die Sie vor drei Wochen als Reaktion auf eine Täuschungshandlung getroffen hätten, alles andere als glücklich seien. Am Telefon wusste ich zunächst nicht, ob ich dazu etwas anmerken sollte. Und wenn ja, was? Wir Lehrer wollen (und sollen) eben in erster Linie unsere eigenen Erfahrungen machen und die erforderlichen Schlüsse daraus ziehen. Der Rat eines angeblich erfahreneren Kollegen könnte da leicht belehrend wirken und dann eher hinderlich sein. So waren jedenfalls meine Gedanken. Recht schnell habe ich mich aber daran erinnert, dass zwischen uns beiden während des letzten Schuljahres, in dem Sie als Lehramtsanwärterin meiner Schule zugewiesen waren, ein offenes und freundschaftlich-kollegiales Verhältnis gewachsen ist. Dieser Umstand gibt mir die Freiheit, Ihnen doch ein paar Tipps zu geben, wie Sie mit Täuschungshandlungen pädagogisch sinnvoll (und hoffentlich auch erfolgreich) umgehen könnten. Es ist mir selbstverständlich bekannt, dass viele unserer Kolleginnen und Kollegen zu ihren Schülern sagen: Spicken dürft ihr schon, bloß erwischen dürft ihr euch nicht lassen! Diese Einstellung halte ich für pädagogisch äußerst problematisch. Ich kann als Lehrer nicht etwas propagieren, was die Schulordnung untersagt. Spicken ist keine Sportart, bei der Schüler und Lehrer gegeneinander antreten, um zu ermitteln, wer der Bessere ist. Das Ergebnis dieses keineswegs fairen Wettkampfs steht nämlich von vornherein fest. Wenn die Lehrkraft ihren Beruf ernst nimmt, ausreichend geschlafen hat und gesund ist, werden die Schüler in der Regel auf der Verliererseite sein. Wir sollten als Lehrer und Lehrerinnen unsere Aufmerksamkeit und unsere Kreativität nicht so sehr darauf konzentrieren, Schülerinnen und Schüler beim Spicken zu erwischen. Viel sinnvoller ist es, dafür zu sorgen, dass überhaupt nicht erst gespickt wird. Wichtig ist es nach meiner Erfahrung, von vornherein zu klären, welche Gegenstände sich bei einer schriftlichen Prüfung auf dem Tisch der Prüflinge befinden dürfen. Süßigkeiten, Brotzeit, Getränke und nicht ausdrücklich zugelassene Hilfsmittel gehören in die verschlossenen Taschen oder Rucksäcke. Handys werden für die Dauer der Prüfung bei der Lehrkraft abgegeben. Natürlich können für einzelne Prüflinge (zum Beispiel Diabetiker) Sonderregelungen gelten, die aber schon längst vorher mit der gesamten Prüfungsgruppe vereinbart worden sind. Bei umfangreichen Prüfungen (zum Beispiel Abschlussprüfungen) müssen selbstverständlich auch Essen und Trinken möglich sein. Jeder Prüfling benötigt eigene Arbeitsmittel. Das Hin-und-her-Reichen beispielsweise von Zeichengeräten während der Prüfung ist zu unterbinden, da es Unruhe verursacht und zu Täuschungsversuchen verführt. Wenn Lehrkraft und Prüfungsgruppe ein eingespieltes Team sind, dann werden diese schlichten Maßnahmen akzeptiert und als einleitendes Ritual bei schriftlichen Prüfungen problemlos umgesetzt. Dies trägt dann sehr dazu bei, dass sich zu Beginn einer schriftlichen Leistungsfeststellung relativ schnell eine Atmosphäre einstellt, in der ruhig und konzentriert gearbeitet werden kann. Wichtig ist für den weiteren Verlauf der Prüfung auch, dass der Lehrer beziehungsweise die Lehrerin die Aufsicht aktiv wahrnimmt. Das bringt diejenigen Schüler, die in einem geeigneten Augenblick gerne Informationen aus ihrer Umgebung einholen möchten (und dadurch sich und andere beim Arbeiten stören), dazu, sich auf die eigenen Fähigkeiten zu besinnen. Als junger Lehrer habe ich im Vorfeld von Schulaufgaben gerne auf die moralische Verwerflichkeit des Spickens hingewiesen. Ich sprach dann von Betrug, Täuschung, geistigem Diebstahl und Wettbewerbsverzerrung. Inzwischen bin ich von dieser moralisierenden Behandlung des Themas Spicken abgekommen. Ich habe gute Erfahrungen damit gemacht, die Thematik von der moralischen Ebene auf die personale Ebene zu heben. Das heißt: Für mich ist Spicken oder Nichtspicken eine Beziehungsangelegenheit. Wenn ich eine Klasse oder Unterrichtsgruppe neu übernehme, gönne ich mir und den Schülern vor der ersten gemeinsamen schriftlichen Arbeit die Zeit, ihnen Folgendes nahezubringen: Wer mein Freund beziehungsweise meine Freundin sein will, spickt bitte bei schriftlichen Arbeiten nicht, weil er oder sie mich dadurch in eine ganz blöde Situation bringen würde. Es ist ja davon auszugehen, dass ich's mitbekomme, wenn jemand spickt. Einige Male ist es mir passiert, dass etliche Jugendliche an dieser Stelle milde gelächelt haben. Dann habe ich zwei Möglichkeiten: Die eine Option ist die, dass ich den Spickvorgang registriere und entsprechend reagiere. Ich nehme also das Blatt ab, erteile die Note 6 und erwäge eine Ordnungsmaßnahme. Das alles möchte ich nicht, weil es nämlich ganz schlecht für euch ist. Die andere Möglichkeit besteht darin, dass ich so tue, als ob ich die Täuschungshandlung nicht bemerke. Das würde sich an der Schule schnell herumsprechen, und es würde heißen: Dieser Lehrer bringt's nicht mehr. Den kann man ganz leicht austricksen. Mein Image würde folglich erheblich leiden. Und das möchte ich eben auch nicht, weil es nämlich ganz schlecht für mich ist. Ich rechne also damit, dass ihr meine Bitte versteht und euch danach richtet. Ich sichere euch zu, dass ihr bei den Arbeiten faire Aufgabenstellungen bekommt. Wer sich vernünftig vorbereitet, kann passable Noten erzielen. Liebe Frau Kollegin, ich durfte erleben, dass ich mit dem Entschluss, das Spicken als Beziehungsfrage zu behandeln, bei meinen Schülern und Schülerinnen auf außerordentlich großes Verständnis stieß. Das Ergebnis war, dass ich in meinen eigenen Klassen seit ungefähr 15 Jahren keinen einzigen Spickfall mehr hatte. Was aber ist zu tun, wenn doch einmal ein Prüfling – gegebenenfalls trotz aller getroffenen präventiven Maßnahmen – das Spicken nicht lassen kann? Mit einer derartigen Situation wurde ich als Lehramtsanwärter konfrontiert. Zusammen mit anderen war ich einer Seminarschule zugeteilt worden, in der wir uns an einem bestimmten Tag gegen Ende des Schuljahres einfanden. Der Direktor der Schule stand vor der Aufgabe, uns tatendurstige angehende Lehrer sinnvoll einzusetzen. Da gerade der schriftliche Teil der Abschlussprüfung in vollem Gange war, teilte er uns als Zweitaufsichten in den verschiedenen Prüfungszimmern ein, nicht ohne uns zu instruieren, dass wir konsequent auf Täuschungshandlungen achten sollten. Diesen Auftrag nahm ich sehr gewissenhaft wahr und erwischte einen männlichen Prüfling beim Spicken. Der zuständige Fachlehrer, dem die Erstaufsicht und später auch die Korrektur der Arbeiten oblag, klärte mich nach Beendigung der Prüfung unter vier Augen vorwurfsvoll auf: So etwas macht man nicht! Nur mit Hilfe einer zusätzlich angesetzten mündlichen Prüfung in dem betreffenden Fach konnte der Jugendliche vor dem Nichtbestehen der gesamten Abschlussprüfung bewahrt werden. Dieses Erlebnis zeigte mir, dass es wichtig ist, das Spicken im Ansatz zu verhindern. Insbesondere in Prüfungssituationen, bei denen ich nur Aufsicht führe, ohne die Prüflinge näher zu kennen, hatte ich im Lauf der Jahre mit folgender Vorgehensweise schon wiederholt Erfolg: Wenn ich an einem Prüfling Anzeichen wahrnehme, dass er das Spicken intensiv erwägt (gesteigerte Nervosität, rote Flecken am Hals, wiederholter Griff in eine Tasche an der Kleidung, ständiges Verfolgen der Aufsichtspersonen mit Blicken und so weiter), unterbreche ich die Prüfung kurz und halte folgende Mini-Ansprache: Schreib- und Zeichengeräte weglegen! Alle herhören! Es ist hier jemand im Raum, der kurz davorsteht, eine große Dummheit zu begehen. Ich möchte diese Person bitten, diese Dummheit zu unterlassen! Alle weiterarbeiten!

Es ist nicht ausgeschlossen, dass man schon mal mit einer überraschenden Spickvariante konfrontiert wird, bei der die bisher geschilderten Situationen und Lösungsvorschläge nur teilweise zutreffend und anwendbar sind. Ich denke an meinen letzten Spickfall vor ungefähr 15 Jahren, den ich schon erwähnte. Im Verlauf einer schriftlichen Kurzarbeit stellte ich bei einem Schüler die Kennzeichen von Täuschungsbereitschaft fest. Bei meinen Rundgängen durch das Prüfungszimmer lenkte ich meine

Schritte wiederholt am Platz des Verdächtigen vorbei. Schließlich machten seine Nerven nicht mehr mit. Als ich wieder von vorn auf ihn zukam, hob er in einer gespielten Unschuldspose beide Arme, als hätte ich eine Waffe auf ihn gerichtet. Dabei konnte man allerdings den Grund seiner Nervosität erkennen: Die Innenfläche der linken Hand war vollständig mit prüfungsrelevanten Daten beschrieben.

Liebe Frau Kollegin, ich hoffe, Sie haben mit dem Lesen bis hierher durchgehalten. Der Brief ist doch viel länger geworden als zunächst geplant. Aber ich habe Sie eben ins Herz geschlossen, sodass ich Ihnen die wichtigsten meiner wertvollen und hilfreichen Tipps (Bescheidenheit ist nicht meine Stärke!) zum pädagogischen Umgang mit Täuschungshandlungen in der Schule nicht vorenthalten wollte.

Mit allen guten Wünschen für Ihr pädagogisches Tun und Lassen und mit herzlichen kollegialen Grüßen

Ihr G. H.

Die unerforschten Spickzettel

Bildungsauftrag, Ferien, Schularzt, Unterrichtsausfall, PISA-Test, Lesetechnik, Mindmapping, Leistungsverweigerung, Frontalunterricht, Elternabend, Teamarbeit, Schulorchester, Autoritätskonflikt, Schülerzeitung, Hausordnung, Lernsoftware, Projektarbeit, Hitzefrei, Wandertag, Nacharbeit, Klassenlektüre, Leistungsnachweis, Sprecherziehung, Abbrecherquote, Nachmittagsunterricht, Hausaufgabenbetreuung, Konfliktbewältigung, Schulkonzert, Tutorensystem, Ergänzungsunterricht, Wahlfach, Praktikum, Förderklasse, Notenausgleich, Schüleraustausch, Gutachten, Notenausgleich, Lernvoraussetzungen, Elternsprechtag, Beratungslehrer, Lehrerkonferenz, Klassenelternversammlung, Hausaufgabe, Methodenvielfalt, Rücktritt, Pflichtfremdsprache, Ordnungsmaßnahme, Reformpädagogik, Präsentationstechnik, Lernkompetenz, Brainstorming, Lerntypen, Pflichtfach, Prüfungsausschuss, Stundenplan, Schulsportfest, Vorlesewettbewerb: Dies alles sind Begriffe, Schlagworte und Themen, die der pädagogischen und schulischen Offizialkultur zuzurechnen sind. Sie sollen das ermöglichen, fördern und optimieren, was das Kerngeschäft der Schule ausmacht, nämlich den Unterricht und das Lernen. Lehren und Lernen in der Schule sind derzeit von einem starken Wandel betroffen. Inhalte, Methoden und Formen des schulischen Unterrichts müssen mit den individuellen und gesellschaftlichen Veränderungen Schritt halten. Deshalb sind die genannten Themen nicht in gleichem Maße aktuell und für die laufende Bildungsdiskussion relevant. Was sie aber alle gemeinsam haben, ist der Umstand, dass sie in Gesetzen über das Erziehungs- und Unterrichtswesen, in Schulordnungen und in anderen ministeriellen Verordnungen ausführlich geregelt beziehungsweise in pädagogischen Aufsätzen, in Zulassungs- und Diplomarbeiten, in Promotionsschriften und wissenschaftlichen Werken erwähnt, abgehandelt und erforscht

werden. Wissenschaftliche Bibliotheken sind angefüllt mit vielen Regalmetern der entsprechenden Literatur. Es gibt aber einen Bereich der schulischen Kultur, der weitgehend unerforscht ist. Dabei handelt es sich um all das, was Schulordnungen weder wünschen noch vorsehen – um das, was heimlich, spontan und vielfach absichtslos zu Papier gebracht wird:

► Verbotene Kommunikation im Klassenzimmer in Form von Briefchen, die in der Klasse heimlich von Hand zu Hand wandern (Klassenpost) oder mit Hilfe einer kleinen Gummischleuder als Luftpost versandt werden
► Kritzeleien auf Löschblättern oder Papierfetzen
► Dumme und gescheite Sprüche über die Schule, über Mitschüler und Lehrer oder Gott und die Welt, niedergeschrieben auf Heftumschlägen und an anderen möglichen und unmöglichen Stellen
► Farbige Muster auf Blättern aus Mathematikheften.
► Aus Papier gefaltete Schwalben und Flieger, die in manchen Klassenzimmern oder Fachräumen zeitweise die Lufthoheit beanspruchen
► Karikaturen und Zeichnungen, aus denen nicht selten der herrschende Zeitgeist und das Lebensgefühl junger Menschen abgeleitet werden kann

In diesen Bereich der schulischen Alltagskultur, von dem jeder weiß, den es aber offiziell überhaupt nicht gibt, wird von Schülerinnen und Schülern sehr viel Kraft, Zeit und Kreativität investiert. Für dessen Phänomene beginnen sich jedoch immer mehr Wissenschaftler aus den Bereichen Psychologie, Pädagogik, Volkskunde, Sozialpädagogik, Sprachwissenschaften und Kunstwissenschaft zu interessieren. Neben zahlreichen anderen Erscheinungsformen schulischer Subkultur gehören beispielsweise auch die sogenannten Abischerze (Streiche, die Abiturienten eines Jahrgangs nach Aushändigung der Abiturzeugnisse ihren Lehrern und Mitschülern spielen) dazu – ebenso wie die Spickzettel. Da bisher kaum fundierte wissenschaftliche Arbeiten zu diesem Thema erschienen sind, kann mit Fug und Recht festgestellt werden, dass Spickzettel unerforscht sind.

Ich habe versucht, Spickzettel pädagogisch zu bewerten, sie zu typisieren und aufzuzeigen, unter welchen Bedingungen und Voraussetzungen ein Exemplar eines bestimmten Spickzettel-Typs entsteht. Das könnte ein Anfang zur systematischen Spickzettel-Forschung sein. Tiefer gehende Fragen bleiben jedoch noch unbeantwortet:

- ► Gibt es geschlechtsspezifische Unterschiede bei den Spickzetteln?
- ► Wie wirkt sich die SMS-Kultur allgemein auf die schulische Subkultur und speziell auf Spickzettel aus?
- ► Existieren schulartspezifische Unterschiede?
- ► Wie lange dauert es, bis eine Lehrplanänderung bei den Spickzetteln ankommt?
- ► Gibt es eine Hierarchie der Unterrichtsfächer einer bestimmten Schulart bezüglich der Häufigkeit der Täuschungshandlungen mit Spickzetteln?
- ► Was bringt Menschen dazu, selbstgefertigte Spickzettel oder Spickvorrichtungen aus der eigenen Schulzeit bis zu fünf Jahrzehnte aufzubewahren?
- ► Welcher Bruchteil der gesamten Spickzettel-Produktion wird tatsächlich bei einer schriftlichen Leistungsfeststellung eingesetzt?
- ► Welche alters-/klassenstufenspezifischen Unterschiede gibt es?

- ▸ Welcher Prozentsatz der schulischen Täuschungshandlungen wird von den Lehrkräften erkannt?
- ▸ Gibt es eine zeitliche Entwicklung der vorgenannten Daten?

Wer zu den Menschen gehört, die eigene Spickzettel oder die ihrer Kinder – ganz gleich, wie lange – aufbewahrt haben, kann die wissenschaftliche Erforschung des Spickzettels fördern, indem er seinen Spickzettel-Schatz der Schulgeschichtlichen Sammlung der Universität Erlangen-Nürnberg zur Verfügung stellt. Das ist im deutschen Sprachraum – wenn nicht sogar weltweit – die Institution, die, soweit bekannt, über die umfangreichste Spickersammlung verfügt. Selbstverständlich sind dort auch Spickzettel aus aktueller Fertigung und Verwendung willkommen. Die genaue Anschrift lautet:

Schulgeschichtliche Sammlung der
Friedrich-Alexander-Universität Erlangen-Nürnberg
Regensburger Straße 160
90478 Nürnberg

Die Zusender von Spickzetteln werden das gute Gefühl haben, einen wertvollen Baustein für die wissenschaftliche Erforschung des Spickzettels beigetragen zu haben.

Doch selbst wenn es auf diese Weise gelingt, das Wissen über die bislang unerforschten Spicker zu mehren, wird man ihnen den Nimbus des Geheimnisvollen nicht nehmen können.

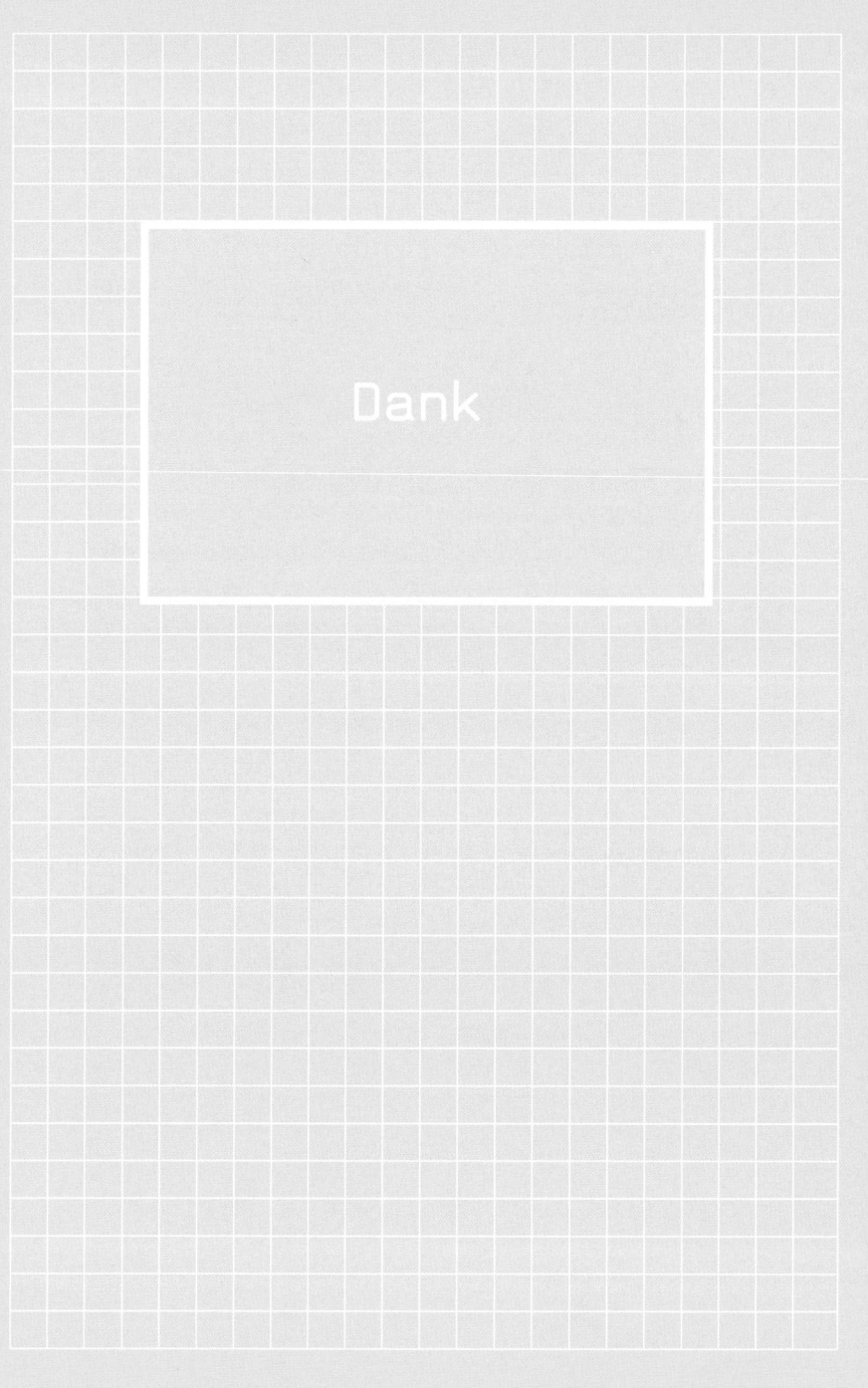

Dank

Ein herzliches Dankeschön allen, die mir drei Monate lang den Rücken freigehalten haben. So konnte ich mich während dieser Zeit konzentriert und weitgehend störungsfrei dem Buchprojekt Spickzettel widmen. Danke für die Anleitung durch Eva Rößel-Hauser bei den allerersten Schritten, die sehr hilfreich für mich war. Julia Vorrath vom Sachbuchlektorat des Rowohlt Verlags darf ich für die einfühlsame Begleitung des Weges von der Idee zum konkreten Buchprojekt danken. Die weitere verlagsseitige Betreuung bis zur Drucklegung übernahm dankenswerter-weise Susanne Frank. Die hervorragende Zusammenarbeit mit Dr. Matias Rösch, wissenschaftlicher Mitarbeiter am Lehrstuhl Pädagogik I der Friedrich-Alexander-Universität Erlangen-Nürn-berg hat mich sehr motiviert. Ich danke ihm insbesondere für die Möglichkeit, dass ich in der von ihm geleiteten Schulgeschicht-lichen Sammlung der Universität jederzeit recherchieren konnte. Herzlich danke ich auch Christian Umnig, der sein fotografisches Equipment unermüdlich immer wieder neu in Stellung brachte, um die abzulichtenden Spicker gut in Szene zu setzen. Und schließlich geht ein Dank auch an meine ehemaligen Schüler und Schülerinnen. Die Erinnerung an die gemeinsam erlebte – wenn es sein musste, auch gemeinsam durchlittene – Zeit gab mir zur Entwicklung der Geschichten, die sich in diesem Buch um die Beschreibung der einzelnen Spickzettel-Typen ranken, mancherlei Anregung.

Bildnachweis

Die Abbildungen zu diesem Buch stammen aus

- der Schulgeschichtlichen Sammlung der Friedrich-Alexander-Universität Erlangen-Nürnberg
- der Sammlung Günter F. Hessenauer innerhalb der Schulgeschichtlichen Sammlung der Friedrich-Alexander-Universität Erlangen-Nürnberg
- aus der Privatsammlung Hessenauer.

Sämtliche Fotografien: Christian Umnig